essentials

Essentials liefern aktuelles Wissen in konzentrierter Form. Die Essenz dessen, worauf es als „State-of-the-Art" in der gegenwärtigen Fachdiskussion oder in der Praxis ankommt. Essentials informieren schnell, unkompliziert und verständlich

- als Einführung in ein aktuelles Thema aus Ihrem Fachgebiet
- als Einstieg in ein für Sie noch unbekanntes Themenfeld
- als Einblick, um zum Thema mitreden zu können.

Die Bücher in elektronischer und gedruckter Form bringen das Expertenwissen von Springer-Fachautoren kompakt zur Darstellung. Sie sind besonders für die Nutzung als eBook auf Tablet-PCs, eBook-Readern und Smartphones geeignet.

Essentials: Wissensbausteine aus Wirtschaft und Gesellschaft, Medizin, Psychologie und Gesundheitsberufen, Technik und Naturwissenschaften. Von renommierten Autoren der Verlagsmarken Springer Gabler, Springer VS, Springer Medizin, Springer Spektrum, Springer Vieweg und Springer Psychologie.

Maximilian Mendius · Simon Werther

Berufliche Karrierewege nach dem Psychologiestudium

Ein Kurzüberblick für Studierende der Psychologie und Interessierte

 Springer

Maximilian Mendius
Leipzig
Deutschland

Simon Werther
München
Deutschland

ISSN 2197-6708
essentials
ISBN 978-3-658-08856-9
DOI 10.1007/978-3-658-08857-6

ISSN 2197-6716 (electronic)

ISBN 978-3-658-08857-6 (eBook)

Die Deutsche Nationalbibliothek verzeichnet diese Publikation in der Deutschen Nationalbibliografie; detaillierte bibliografische Daten sind im Internet über http://dnb.d-nb.de abrufbar.

Springer

Gedruckt auf säurefreiem und chlorfrei gebleichtem Papier

Springer Fachmedien Wiesbaden ist Teil der Fachverlagsgruppe Springer Science+Business Media (www.springer.com)

Was Sie in diesem Essential finden können

- Einen Überblick über ausgewählte Berufsfelder für Psychologen
- Informationen zu Studienabschlüssen in der Psychologie
- Ideen für die Gestaltung einer individuellen beruflichen Karriere als Psychologe

Vorwort

Liebe Leserinnen und Leser,

vielen Dank für Ihr Interesse an der Psychologie und an unserem Essential. Als wir mit der Arbeit an dieser Kurzfassung des Werkes „Faszination Psychologie – Berufsfelder und Karrierewege" begannen stellte sich uns die schwierige Frage: „Reicht ein so kurzes Buch aus, um Ihnen die gesamte Vielfalt dieser spannenden Disziplin nahezubringen?". Diese Frage müssen wir eindeutig mit „Nein" beantworten. Was dieses Essential jedoch kann, ist Ihnen eine erste Einschätzung zu ermöglichen, ob Sie sich vertiefter mit der Psychologie als Berufsfeld auseinandersetzen wollen. Vielleicht gelingt es uns also zumindest, Sie neugierig zu machen!

Wir stellen Ihnen daher in diesem Essential grundlegende Informationen zum Studium und einige Tipps und Hinweise zur Karriereplanung zusammen. Außerdem geben wir Ihnen erste Einblicke bezüglich möglicher Beschäftigungsfelder, die sich innerhalb der Psychologie bieten. Dabei werden wir insbesondere auf die wirtschaftspsychologischen Disziplinen etwas detaillierter eingehen. Falls Sie ebenso detaillierte Informationen für die klinische Psychologie, die pädagogische Psychologie oder die zahlreichen weiteren Berufsfelder wie z. B. Neuropsychologie, Tätigkeiten in der Forschung oder Sportpsychologie suchen und auch zu den Rahmenbedingungen und Karrieremöglichkeiten noch weiteren Informationsbedarf haben, so möchten wir an dieser Stelle auf das Hauptwerk verweisen. Dort erhalten Sie zu jedem Berufsfeld eine ausführliche Beschreibung von einem in diesem Bereich tätigen Psychologen inklusive Szenarien, Fallbeispielen, wissenschaftlichen Perspektiven und Interviewsequenzen mit Praktikern. Das Hauptwerk greift die Ausführungen des Essentials auf und führt Sie schlüssig weiter.

Wir wünschen Ihnen viel Spaß beim Entdecken dieser so spannenden Wissenschaft, die Ihnen eine Vielfalt von Beschäftigungsmöglichkeiten offen lässt.

Maximilian Mendius und Simon Werther

Inhaltsverzeichnis

Einleitung 1

Vor einigen Jahren waren wir selbst mitten im Psychologiestudium und haben uns immer wieder gefragt, welche Berufsfelder für Psychologen nach dem Studium zur Auswahl stehen und was diese konkret im Arbeitsalltag auszeichnet. Über das eine oder andere Praktikum und Kontakte zu Praktikern haben sich zwar erste Einblicke ergeben, doch haben wir einen umfassenden Überblick über die faszinierende Vielfalt der Berufsfelder für Psychologen vermisst.

Aus diesem Gedanken heraus entstand die Idee, zu versuchen, selber ein entsprechendes Angebot auf die Beine zu stellen. Zur Umsetzung haben wir Anfang 2007 mit befreundeten Kommilitonen den gemeinnützigen Verein Psychologie in Beruf in Praxis e. V. (PBP) gegründet (siehe www.pbp-muenchen.de). Ziel dieses Vereins ist es, interessierten Studierenden und Schülern einen berufsorientierenden Einblick in die praktische Tätigkeit von Psychologen zu ermöglichen. Darüber hinaus wollten wir junge Studierende ermutigen, ihre Karriereplanung nicht anhand pauschaler Empfehlungen möglichst gleichförmig zu gestalten, sondern die eigenen Interessen im Sinne einer ganzheitlichen individuellen Karriereplanung in den Mittelpunkt zu stellen, auch wenn bisweilen Widerstände auftreten sollten. Der Austausch mit Praktikern, die die Psychologie seit Jahren mit Leben füllen, ist in diesem Zusammenhang essentiell. Aus diesem Grund veranstaltet der PBP in Kooperation mit der Fachschaft Psychologie und dem Department Psychologie der Ludwig-Maximilians-Universität München seit 2007 jährlich einen Berufsinformationskongress für Psychologiestudierende aus dem gesamten deutschsprachigen Raum. Obwohl wir aufgrund von räumlichen Beschränkungen nie allen Interessenten die Möglichkeit geben konnten, am Berufsinformationskongress teilzunehmen,

© Springer Fachmedien Wiesbaden 2015

M. Mendius, S. Werther, *Berufliche Karrierewege nach dem Psychologiestudium,* essentials, DOI 10.1007/978-3-658-08857-6_1 konnten wir schon fast 2000 an der Psychologie Interessierte mit Experten aus der Praxis vernetzen. Im Rahmen des 5. PBP-Kongress 2011 entstand die Idee, diesen Austausch über ein Buchprojekt weiter zu vertiefen und somit das Grundmotiv des PBP noch intensiver in die Welt zu tragen. Das Ergebnis war „Faszination Psychologie – Berufsfelder und Karrierewege", dessen Essential Sie nun in den Händen halten.

Dieses Buch soll Ihnen einen praxisnahen und vor allem authentischen Orientierungsrahmen an die Hand geben, der Sie bei Ihrer Studienwahl und -planung sowie bei Ihrem individuellen Berufseinstieg in den facettenreichen und faszinierenden Berufsfeldern der Psychologie unterstützt.

Uns ist es ein vorrangiges Anliegen, dass dieses Buch nicht als „Aufstiegsbeschleuniger" für möglichst geradlinige Karrieren und Lebensläufe ohne Ecken und Kanten verstanden wird. Wir plädieren ausdrücklich dafür und sehen uns hier auch in Gesprächen mit den Autoren und uns bekannten Praktikern aus den verschiedensten Tätigkeitsfeldern in unserer Auffassung bestätigt, dass sowohl das Studium als auch die Schwerpunktsetzung insbesondere von persönlichen Interessen geprägt sein sollten. Die Motivation für die Auswahl eines Berufs in der Psychologie sollte immer der eigene Antrieb sein und nicht die Aussicht auf hohe Verdienstmöglichkeiten oder anderweitige externe Anreize. Wir sind davon überzeugt, dass jeder Psychologe früher oder später einer spannenden und faszinierenden Tätigkeit im Rahmen seiner eigenen Interessen nachgehen kann, auch wenn sicherlich Durststrecken zu überwinden sind. Hier sprechen wir durchaus aus eigener Erfahrung, nachdem wir selbst Phasen der Arbeitslosigkeit und der Umorientierung nach dem Studium erlebt haben.

Ein bedeutendes Erfolgskriterium für alle psychologischen Berufsfelder ist für uns die persönliche Begeisterung und Faszination für das jeweilige Tätigkeitsfeld, ob im klinischen, im wirtschaftlichen oder in einem ganz anderen Bereich. Die Umstellung auf das Bachelor- und Master-System hat die Freiräume während des Studiums sicherlich nicht vergrößert, doch möchten wir Sie alle ermutigen, vielfältige Erfahrungen neben dem Studium zu sammeln und Ihren Interessen Raum zu geben. Ein Auslandsaufenthalt wird sie prägen und ein Leben lang begleiten, wenn Sie ihn antreten, weil sie darauf Lust haben – wird er nur als für den Lebenslauf erforderliche „Pflichtübung" verstanden, kann man auch darauf verzichten.

Wir wünschen Ihnen eine spannende, faszinierende und interessante Lektüre und viel Begeisterung auf Ihrer persönlichen Entdeckungsreise in die Faszination Psychologie! Sollten wir Ihre Neugierde geweckt haben und sollten Sie vertieft in die einzelnen Berufsfelder eintauchen wollen, so laden wir Sie herzlich ein dies mit der Lektüre des ausführlichen Werks ‚Faszination Psychologie – Berufsfelder und Karrierewege' zu tun.

2.1 Bedeutung der Psychologie

Die Bedeutung der Psychologie in der Gesellschaft hat in den letzten Jahrzehnten aus verschiedenen Gründen zugenommen, was sich auch in den Studierendenzahlen widerspiegelt. Die Tab. 2.1 zeigt deutlich den positiven Trend auf, der allerdings vor allem durch die stark ansteigenden Studierendenzahlen an der Fernuni Hagen, an Fachhochschulen und an privaten Hochschulen zustande kommt. Die Anzahl an Studierenden an (staatlichen) Universitäten bleibt dabei nahezu konstant.

Aus Sicht des Arbeitsmarkts bedeutet diese positive Entwicklung natürlich auch, dass im Kontext von Personalentscheidungen nach strengeren Maßstäben gemessen werden kann und muss, da mehr Psychologieabsolventen verfügbar sind. Umso wichtiger ist deshalb im ersten Schritt eine bewusste Entscheidung für einen Bachelor, d. h. Bachelor of Science vs. Bachelor of Arts, Universität vs. (Fach-) Hochschule, allgemeiner Bachelor vs. spezifischer Bachelor. Es ist zum jetzigen Zeitpunkt noch nicht vorherzusehen, ob sich dieser Trend steigender Studierenzahlen bei gleichzeitiger positiver Arbeitsmarktlage weiterhin fortsetzen wird. Allerdings kann man zum einen aufgrund des steigenden Bedarfs im klinischen Bereich und der im Wirtschaftsbereich anhaltenden Entwicklung zu Gunsten von Dienstleistungsberufen optimistisch in die Zukunft blicken, was die Berufsperspektiven für ausgebildete Psychologen angeht.

© Springer Fachmedien Wiesbaden 2015
M. Mendius, S. Werther, *Berufliche Karrierewege nach dem Psychologiestudium,*
essentials, DOI 10.1007/978-3-658-08857-6_2

Tab. 2.1 Studierende der Psychologie von 2000–2012. (Margraf 2015)

Jahr	Gesamtanzahl Studierende	Studierende an Universitäten	Studierende an der Fernuni Hagen	Studierende an FHs/privaten Hochschulen
2000	33.943	–	–	–
2002	34.431	–	–	–
2004	31.680	–	–	–
2006	31.564	–	–	–
2008	35.153	29.071	4.057	2.025
2010	44.009	30.391	10.027	3.591
2012	54.393	39.763	14.630	5.474

2.2 Überblick über Studienabschlüsse

Aktuell werden in Deutschland die Abschlüsse Bachelor, Master und Promotion angeboten. Es werden inzwischen keine neuen Studienplätze mehr in Diplomstudiengängen angeboten, sodass hierauf nicht näher eingegangen wird.

Der größte Unterschied von Bachelor- und Master-Studiengängen zum Diplom ist das zweistufige Studiensystem, d. h. auf einen 3- bzw. 4-jährigen Bachelor folgt ein (in den meisten Fällen)1 bis 2-jähriger Master. Das bedeutet vor allem auch, dass nach dem Bachelor eine weitere Bewerbungsphase notwendig ist, um einen Masterstudienplatz zu erhalten. Es kann somit nicht sicher davon ausgegangen werden, dass der Master an der gleichen Universität wie der Bachelor absolviert werden kann, da in den Masterstudiengängen aufgrund der zahlreichen Bewerber in Kombination mit begrenzten Plätzen ebenfalls umfangreiche Auswahlprozesse durchgeführt werden. Positiv formuliert bedeutet es aber auch, dass eine Veränderung des Studienschwerpunkts durch das zweistufige Studiensystem erleichtert wird, dass ein Wechsel der Universität vereinfacht wird, und dass ein früherer Berufseinstieg direkt nach dem Bachelor ebenfalls leichter möglich wird. Insofern bringt das neue Studiensystem sowohl Vor- als auch Nachteile mit sich, doch wir sind davon überzeugt, dass es sich nach den jüngst umgesetzten weitgreifenden Reformen und Überarbeitungen, die sich aus den Erfahrungen der Universitäten aus den ersten Jahren ableiteten, nicht zum Nachteil der Studierenden entwickeln wird. Letztlich liegt die Verantwortung bei jedem Einzelnen, sich um das Studium herum durch vielfältige Praxiserfahrungen und persönliche Weiterentwicklung intensiv mit der Psychologie zu beschäftigen – die Universität oder Hochschule ist hier immer nur die offizielle Grundlage für alle individuellen Möglichkeiten.

2.2.1 Bachelor

Beim Bachelor muss vor allem zwischen einem Bachelor of Science (B. Sc.) und einem Bachelor of Arts (B. A.) unterschieden werden. Insbesondere an privaten und staatlichen Hochschulen wird im Gegensatz zu Universitäten oftmals ein Bachelor of Arts (B. A.) vergeben (siehe z. B. www.ipu-berlin.de und www.hft-stuttgart. de). Dabei orientiert sich der Bachelor of Science mehr an einem wissenschaftlich orientierten Studium, was wiederum bei zahlreichen Arbeitgebern zu einer höheren Akzeptanz führt und von den Berufs- und Dachverbänden akzeptierter ist. Das bedeutet allerdings nicht, dass ein Bachelor of Arts kein guter Studiengang sein kann, lediglich der wissenschaftliche Fokus ist hier nicht so dominant. Oftmals werden in diese an Fachhochschulen angebotenen Studiengänge bereits deutlich längere Praxisphasen in den Studienplan integriert. Gerade wenn direkt nach dem Bachelor ein Berufseinstieg in einem weniger wissenschaftlichen, sondern eher angewandten Feld angestrebt wird, kann ein Fachhochschulstudium eine interessante Alternative darstellen.

Einen Anhaltspunkt kann hier die Liste der anerkannten Bachelor- und Masterstudiengänge des Berufsverbands Deutscher Psychologinnen und Psychologen (BDP) liefern (siehe www.bdp-verband.org/beruf/ba-ma/index.html). Eine weitere Übersicht liefert die Deutsche Gesellschaft für Psychologie (DGPS) auf Ihren Internetseiten (siehe www.dgps.de/studium). Die Gründe für eine fehlende Anerkennung durch den BDP können unter anderem darin liegen, dass nicht ausreichend Psychologie-Leistungspunkte im Studium vorgesehen sind. Das ist insbesondere bei kombinierten Studiengängen der Fall, zum Beispiel bei Bachelorstudiengängen in Wirtschaftspsychologie. Außerdem müssen die zentralen psychologischen Grundlagenfächer, beispielsweise Allgemeine Psychologie, Persönlichkeitspsychologie, Entwicklungspsychologie, Biologische Psychologie, im Curriculum als Pflichtinhalte vorgesehen sein. Zum aktuellen Stand sind in dieser Auflistung jedoch auch viele Studiengänge noch als nicht anerkannt dargestellt, die explizit an den definierten Qualitätsmaßstäben ausgerichtet wurden. Einige Studiengänge sind schlicht noch zu „neu" und es lag zur Erstellungszeit dieses Buches noch keine finale Beurteilung vor. Sollte also Ihr Wunschstudiengang noch keine Anerkennung haben, ist das nicht automatisch ein schlechtes Zeichen, da die Anerkennung möglicherweise zeitverzögert erfolgt. Im Zweifel kontaktieren Sie einfach direkt den Studiengangskoordinator und erfragen, ob und bis wann mit einer offiziellen Anerkennung gerechnet werden kann.

Unserer Meinung nach ist es durchaus sinnvoll, sich im Bachelor intensiv mit den Grundlagenfächern auseinandersetzen, da diese eine wichtige Basis für alle Anwendungsfelder darstellen. Für uns zeichnet sich ein echter Psychologe insbesondere dadurch aus, dass er über den Tellerrand seines eigenen Anwendungsfelds schaut und die grundlegenden Theorien der Psychologie kennt, die oftmals übergreifend über mehrere Anwendungsfelder relevant sind – das ist erst einmal unabhängig von einem Bachelor of Science oder einem Bachelor of Arts. Es ist vielmehr eine Grundeinstellung, sich wirklich intensiv mit der Psychologie auseinandersetzen und auch über die Grenzen des Studiums hinweg persönliche Erfahrungen zu sammeln und interessanten Themen zu vertiefen.

Neben der Entscheidung zwischen B. Sc. und B. A. steht auch die Entscheidung des Studienschwerpunkts und der Hochschulwahl an. Bei den meisten Bachelorstudiengängen in Psychologie an deutschen Universitäten handelt es sich um einen allgemeinen Bachelor ohne spezifischen Schwerpunkt. Die Schwerpunktsetzung erfolgt hier oftmals in fortgeschrittenen Semestern, zum Beispiel können dann zwei aus vier Schwerpunkten gewählt werden. Das ist ein anderes Modell als an vielen privaten und staatlichen Hochschulen, bei denen kombinierte Studiengänge angeboten werden, zum Beispiel Wirtschaftspsychologie oder Gesundheitspsychologie. Dabei ist der Vorteil, dass bereits eine intensive Schwerpunktsetzung im gesamten Studium erfolgt, was im Sinne eines Berufseinstiegs nach dem Bachelor sinnvoll erscheinen kann. Der Nachteil ist allerdings, dass Sie sich bereits vor Beginn des Bachelors für einen Schwerpunkt entscheiden müssen, obwohl die Vielfalt der Psychologie noch gar nicht greifbar ist. Vorteil und Nachteil zugleich stellt bei Studiengängen wie Wirtschaftspsychologie die Kombination aus Psychologie mit Betriebswirtschaftslehre dar – das ist einerseits im interdisziplinären Sinn sinnvoll, weil bei Tätigkeiten in der Wirtschaft auch BWL-Kenntnisse erforderlich sind. Andererseits schwingt hier oftmals von Berufsverbänden der Vorwurf mit, dass Studiengänge dieser Art nichts Halbes und nichts Ganzes sind, weil kein fundiertes Studium der Psychologie erfolgt und in vielen Fällen sinnvolle Grundlagenfächer fehlen.

Bei der Hochschulwahl kann in erster Linie zwischen Universitäten und Hochschulen unterschieden werden, wobei bei Hochschulen noch einmal zwischen staatlichen und privaten Hochschulen unterschieden werden muss. Grundsätzlich lässt sich festhalten, dass die etabliertesten Studiengänge der Psychologie an staatlichen Universitäten verortet sind. Das hängt sicherlich auch damit zusammen, dass diese die längste Geschichte haben, nachdem Psychologie an Hochschulen eine relativ junge Disziplin darstellt. Eine pauschale Empfehlung lässt sich hier nicht geben, da es immer von Ihren persönlichen Interessen und Vorstellungen abhängt. An Universitäten ist das Studium sicherlich in vielen Fällen wissenschaftlicher, wohingegen es an Hochschulen in vielen Fällen praxisbezogener ist, insbesondere da Professoren und Dozenten, die an Fachhochschulen tätig sind, umfangreiche Erfahrungen in der Praxis nachweisen müssen. Die Kehrseite der Medaille kann sein, dass diese Dozenten keine so starke Verankerung in der Forschung haben. Das kann für einen von Ihnen ein Vorteil sein, während es für einen anderen von Ihnen ein Nachteil ist. An vielen Universitäten und Hochschulen gibt es einen Tag der offenen Tür, bei dem in Lehrveranstaltungen hineingeschnuppert werden kann – das ist sicherlich eine tolle Möglichkeit, um ein Gefühl für die Passung zwischen Universität bzw. Hochschule und eigenen Vorstellungen zu bekommen.

Der Bachelor stellt laut Bologna-Reform bereits den ersten berufsqualifizierenden Abschluss dar, auch wenn dies von den Universitäten teilweise anders interpretiert wird. Nach dem Bericht zur Lage der Psychologie (Frensch 2012) haben bei einer Absolventenbefragung von Bachelorstudierenden allerdings nur 6 % angegeben, dass sie ein halbes Jahr nach dem Studium berufstätig waren. Das hängt sicherlich auch damit zusammen, dass durch die Umstellung des Studiensystems momentan sowohl bei Absolventen als auch bei Professoren und Dozenten sowie bei Arbeitgebern etablierte Konzepte für die Anstellung von Bachelorabsolventen fehlen. In der Praxis nimmt die Offenheit allerdings zu, worauf auch in den folgenden Kapiteln eingegangen wird. Vom BDP gibt es einen Bachelor Reader 2.0 mit umfangreichen Informationen, der ebenfalls hilfreiche Informationen zur Verfügung stellt (siehe www.bdp-verband.de/profession/bachelor.html).

Wir möchten an dieser Stelle noch einmal ausdrücklich betonen, dass in bestimmten Anwendungsfeldern der Psychologie, zum Beispiel in der Wirtschaftspsychologie oder auch in Beratungsstellen, durchaus ein erfolgreicher Berufseinstieg direkt nach dem Bachelor möglich ist. Sowohl manche Berufs- und Dachverbände als auch einige Arbeitgeber sind noch sehr unsicher bzgl. der Qualifikationen von Bachelorstudenten, doch wir sind davon überzeugt, dass auch in 3–4 Jahren ein fundiertes Studium möglich ist, wenn auch Angebote außerhalb des Studiums gesucht und wahrgenommen werden.

2.2.2 Master

Nachdem der Bachelor bereits der erste berufsqualifizierende Abschluss ist, dient der Master in erster Linie der wissenschaftlichen Ausbildung der Studierenden, insbesondere als Vorbereitung auf eine spätere wissenschaftliche Tätigkeit und eine Promotion. Von den Universitäten wird das unterschiedlich gehandhabt, doch steht die Wissenschaftlichkeit hier eindeutig im Vordergrund. Bei einer Entscheidung für einen Masterstudiengang muss also bewusst überlegt werden, ob er direkt im Anschluss an den Bachelor absolviert werden muss oder ob ein Berufseinstieg bereits sinnvoll und möglich ist. Letztlich hängt diese Entscheidung immer von den eigenen Interessen und der individuellen Lebensplanung ab. Alternativ kann es sich auch anbieten, ein sogenanntes „Gap Year" einzulegen. Dieses Modell wird primär im wirtschaftlichen Kontext angeboten und zielt darauf ab, dass Studierende, die bereits ihren Masterplatz sicher haben, ein Jahr Pause zwischen Bachelor und Master nehmen und in diesem Jahr ein oder mehrere Praktika absolvieren.

Bei Interesse an einer klinischen Tätigkeit stellt sich diese Frage momentan nicht, da die Psychotherapeutenausbildung momentan nur nach einem Masterstudiengang absolviert werden kann. Weitere Informationen finden Sie dazu im entsprechenden Überkapitel 3 „Berufsfelder als klinischer Psychologie/Psychologischer Psychotherapeut". Es ist aber durchaus möglich, dass sich hier durch Reformen der Psychotherapieausbildung die rechtlichen Rahmenbedingungen verändern. Den aktuellen Stand erfahren Sie immer beim BDP (siehe www.bdp-verband. org) oder auch bei der DGPs (siehe www.dgps.de).

Grundsätzlich gelten für die Entscheidung für einen Masterstudiengang die gleichen Aspekte wie beim Bachelor. Allerdings ist hier eine Schwerpunktsetzung sinnvoll und empfehlenswert, da Sie bereits im Bachelor einen umfangreichen Überblick über die Psychologie erhalten haben. Dabei gibt es Masterstudiengänge mit Schwerpunktsetzung innerhalb des Studiengangs (d. h. Sie studieren einen Master in Psychologie und können sich innerhalb des Studiums entscheiden) sowie Masterstudiengänge zu einem einzigen Schwerpunkt (d. h. Sie studieren beispielsweise einen Master in Klinischer Psychologie und können dementsprechend keinen wirtschaftspsychologischen Schwerpunkt im Studium wählen). Auch bei Masterstudiengängen kann zwischen Universitäten und Hochschulen gewählt werden, wobei hier die gleichen Grundsätze gelten wie beim Bachelorstudiengang.

Einen Überblick über Masterstudiengänge und die jeweils gültigen Zugangsvoraussetzungen bietet die DGPs (siehe www.dgps.de/studium/abschluesse). Dabei muss bei der Masterbewerbung berücksichtigt werden, dass oftmals langwierige Vorarbeiten notwendig sind, beispielsweise Englischtests oder vergleichbare Nachweise. Es empfiehlt sich deshalb auf jeden Fall, dass Sie sich frühzeitig über die Zugangsvoraussetzungen der von Ihnen präferierten Masterstudiengänge informieren und frühzeitig mit der Vorbereitung der Bewerbung beginnen. Darüber hinaus ist es auf jeden Fall sinnvoll, dass Sie sich für mehrere Masterstudiengänge bewerben, da die Auswahlverfahren sehr unterschiedlich sind und auch die Beliebtheit der Studienorte stark variiert. Dabei muss ein auf den ersten Blick weniger attraktiver Studienort kein Nachteil sein, da an kleineren Universitäten oftmals eine intensivere Betreuung der Studierenden möglich ist.

2.2.3   Promotion

Allgemein lässt sich sagen, dass bei Interesse an einer Promotion ein Studium an einer Universität empfehlenswert ist, da die Zugangsmöglichkeiten zur Promotion und auch die Kontaktmöglichkeiten mit potenziellen Betreuern hier erleichtert sind. Eine Entscheidung für eine Promotion sollte in jedem Fall bewusst getroffen werden, da es sich bei empirischen Promotionen in der Psychologie um umfangreiche Projekte handelt, die realistisch einen Zeithorizont von 3–5 Jahren benötigen.

Weitere Informationen zur Promotion und zu damit verbundenen Berufsfeldern finden Sie im Buch ‚Faszination Psychologie – Berufsfelder und Karrierewege' im Kapitel ‚Berufsfelder als Forscher und Dozenten'.

2.3   Fazit

Zusammenfassend können wir als Psychologen sehr positiv in die Zukunft blicken, was sich auch an den offenen gemeldeten Stellen der letzten Jahre zeigt (Frensch 2012). Arbeitslose Psychologen sind somit die Seltenheit, was sicherlich auch daran liegt, dass wir in unterschiedlichen Anwendungsfeldern tätig werden und somit auch wirtschaftliche Krisenzeiten besser abfedern können als sehr spezialisierte Disziplinen.

Ausgewählte Berufsfelder der Psychologie

Viele Berufe praktisch tätiger Psychologen sind entweder im klinisch-therapeutischen oder im wirtschaftspsychologischen Bereich verankert. Selbstverständlich gibt es eine Vielzahl weiterer Berufsfelder wie z. B. Tätigkeiten in der Familienpsychologie, der Polizeipsychologie, der Sportpsychologie, der Pädagogischen Psychologie oder an Universitäten und Hochschulen. Im Rahmen des Hauptwerks ‚Faszination Psychologie – Berufsfelder und Karrierewege' wird auf über 20 Berufsfelder eingegangen. Im Rahmen dieses Essentials möchten wir Ihnen grundlegende Informationen zum Studium und Anforderungen an spätere Tätigkeiten im Bereich der klinischen Psychologie sowie der Wirtschaftspsychologie geben und exemplarisch einen vertieften Einblick in die Tätigkeit von Personalpsychologen geben.

3.1 Berufsfelder als Klinischer Psychologe/Psychologischer Psychotherapeut

3.1.1 Grundsätzliches zum Studium der Klinischen Psychologie

Welches sind die Kernsymptome einer Schizophrenie? Welchen Fragebogen könnten Sie einsetzen, um eine Selbstauskunft über verschiedene psychopathologische Symptome zu erhalten? Welche Merkmale weisen erfolgreiche Präventionsprogramme auf? Welche Verfahren haben sich in der Behandlung von Phobien als wirksam herausgestellt?

© Springer Fachmedien Wiesbaden 2015

M. Mendius, S. Werther, *Berufliche Karrierewege nach dem Psychologiestudium,*
essentials, DOI 10.1007/978-3-658-08857-6_3

Nach dem erfolgreichen Abschluss eines Studiums mit dem Schwerpunkt klinische Psychologie sollten Sie in der Lage sein, die oben aufgeführten Fragen zu beantworten. Im Studium der klinischen Psychologie wird über Beschreibung, Diagnostik, Prävention und Therapie von Störungen des menschlichen Erlebens und Verhaltens gelehrt. In diesem Rahmen kommt auch den Grundlagenfächern wie z. B. der allgemeinen Psychologie oder der biologischen Psychologie eine große Bedeutung zu, da die dort behandelten Prinzipien einen wichtigen Beitrag zum Verständnis klinischer Störungsbilder und Therapieformen leisten. Klinische Psychologie kann sowohl im Bachelor, als auch im Masterstudium belegt werden. Das Studium der klinischen Psychologie bereitet auf eine Vielzahl von Tätigkeitsfeldern vor, wie Tätigkeiten in Kliniken, selbstständige Arbeit in eigener Praxis und Tätigkeiten in Beratungsstellen. Diese Tätigkeiten werden detailliert im Buch ‚Faszination Psychologie – Berufsfelder und Karrierewege' vorgestellt. Darüber hinaus ist die klinische Psychologie eine wichtige Grundlage zahlreicher weiterer Tätigkeitsfelder, beispielsweise Berufsfelder als Familienpsychologe, als klinischer Neuropsychologe oder auch als Gesundheitspsychologe.

3.1.1.1   Was ist bei der Studienplanung zu beachten

Die verschiedenen Universitäten unterscheiden sich teilweise erheblich bezüglich des Umfangs, in dem klinische Psychologie gelehrt wird. Besteht der Wunsch, nach dem Bachelor ein Masterstudium aufzunehmen, ist es sehr wichtig, frühzeitig Informationen zur Anerkennung von Studienleistungen einzuholen und die belegten Studieninhalte dementsprechend gut zu planen. Gleiches gilt bei einem Wechsel der Universität oder einem Auslandsaufenthalt. Gerade die letzten beiden Punkte haben sich jedoch auch mit der Bolognareform gegenüber den Diplomstudiengängen noch nicht wesentlich geändert.

Ist es das Ziel, nach dem Psychologie-Studium die Weiterbildung zum „Psychologischen Psychotherapeuten" (PP) oder zum „Kinder- und Jugendlichenpsychotherapeuten" (KJP) aufzunehmen, so ist es zwingend erforderlich, einen Master an das Bachelor-Psychologie-Studium anzuschließen. Bei der Wahl des Masters ist es entscheidend zu überprüfen, ob klinische Psychologie in ausreichendem Umfang gelehrt wird: Zunächst verlangen einige Master-Studiengänge in ihren Bewerbungsvoraussetzungen Kenntnisse in klinischer Psychologie aus dem Bachelor-Studium, andererseits müssen dann auch im Masterstudium bestimmte klinische Inhalte in von den Ausbildungsinstitutionen definierten Umfängen abgebildet sein, so dass die formalen Voraussetzungen zur Aufnahme einer Ausbildung erfüllt sind. Leider sind diese Voraussetzungen seit der Einführung der gestuften Studiengänge (Bachelor/Master) noch nicht klar definiert (siehe www.bdp-verband.org/bdp/presse/2012/06_novellierung.html).

Zudem unterscheiden sich die Voraussetzungen für die Ausbildungen Psychologischer Psychotherapeut und Kinder- und Jugendlichenpsychotherapeut. Die Ausbildung Psychologischer Psychotherapeut kann nur mit einem „klinisch-psychologischen" Master aufgenommen werden. Ein Bachelor-Abschluss in Psychologie oder ein Master-Abschluss in einem verwandten Fach (z. B. Pädagogik) reichen nicht aus. Für die Ausbildung Kinder- und Jugendlichenpsychotherapeut ist ebenfalls ein „klinisch-psychologischer" Masterabschluss notwendig. Allerdings dürfen auch Bachelor-Absolventen einer pädagogischen Fachrichtung die Ausbildung zum KJP aufnehmen, wohingegen ein Bachelor-Abschluss in Psychologie nicht genügt (siehe www.bdp-verband.org/bdp/presse/2012/06_novellierung.html). Die Möglichkeit, die Ausbildungen Psychologischer Psychotherapeut und Kinder- und Jugendlichenpsychotherapeut als „Direktausbildung" in das Hochschulstudium zu integrieren, wird derzeit kritisch diskutiert. Genaue Informationen zum Aufbau der Ausbildungen erhalten Sie in den Kap. 3.2 und 4. In jedem Fall ist es aber zu empfehlen, so früh wie möglich Kontakt zu dem jeweiligen Wunschausbildungsinstitut aufzunehmen, um die Zulassungsvoraussetzung zu klären, da diese, wie bereits erwähnt, noch nicht abschließend geregelt sind.

3.1.1.2 Praxis schon im Studium

Praktisch-psychologische Arbeit muss bzw. sollte nicht erst nach dem Studium beginnen. Auch für Studierende bestehen eine Reihe von Möglichkeiten, schon während der Studienzeit anwendungspraktische Erfahrung zu sammeln. Zuerst sind an dieser Stelle die – (teilweise) in der Studienordnung festgelegten – Praktika zu nennen. Sie bieten umfassende Möglichkeiten, die verschiedenen Berufsfelder der klinischen Psychologie unverbindlich kennen zu lernen. Einige Tätigkeiten können unter Supervision auch von den Praktikanten selbst ausgeführt werden. Im Gegensatz zum wirtschaftlichen Bereich werden klinische Praktika jedoch meistens nicht vergütet. Dementsprechend ist eine entsprechende Kostenplanung notwendig – ein Invest, der sich jedoch später in jedem Fall auszahlt. Entweder, da man zusätzliche Praxiserfahrung für den Beruf als klinischer Psychologe gesammelt hat, oder, da die Erkenntnis gereift ist, dass eventuell doch nicht die klinische Psychologie das Berufsfeld ist, in dem man für eine lange Zeit tätig sein möchte.

Eine Verbindung von Vergütung und fachnahen Tätigkeiten bieten Stellen für Hilfswissenschaftler, beispielsweise für die Unterstützung von Forschungsprojekten. Auch in eine Abschlussarbeit kann praktisch klinische Tätigkeit einfließen, indem empirische Daten z. B. bei einer Patientengruppe erhoben und/oder ausgewertet werden. Da die Untersuchung klinischer Stichproben sehr komplex und demzufolge relativ zeitaufwändig ist, eignen sich entsprechende Themen besser für die Master-Arbeit.

Möglicherweise besteht an Ihrer Universität auch eine Anamnesegruppe, innerhalb derer an Kliniken mit Patienten Anamnese-Gespräche geübt werden können (siehe www.anamnesegruppen.eu).

3.1.2 Anforderungen an Tätigkeiten in der klinischen Psychologie

Im folgenden Abschnitt soll ein Überblick bezüglich der Anforderungen gegeben werden, die an einen Psychologen gestellt werden, wenn er sich für eine Beschäftigung in einem klinischen Tätigkeitsfeld entscheidet. Dabei werden die – für die meisten klinischen Tätigkeitsfelder gültigen – fachlichen und überfachlichen Anforderungen dargestellt. Schließlich werden Anregungen gegeben, wie bereits im Studium einige Voraussetzungen für eine erfolgreiche Bewährung in einem klinischen Berufsumfeld gelegt werden können. An dieser Stelle ist jedoch anzumerken, dass es aufgrund der Vielfalt der klinischen Theorieschulen und verschiedenster Karrierewege kein Patentrezept gibt, das perfekt auf den Berufseinstieg vorbereitet. Hinter jeder Karriere steht eine individuelle Geschichte, wie es auch in den Experteninterviews aus den vorangegangenen Kapiteln deutlich wird.

3.1.2.1 Die klinische Psychologie – eine Wissenschaft am und für den Menschen

Folgt man einer gängigen Definition von Schraml so ist die klinische Psychologie „diejenige Teildisziplin der Psychologie, die sich mit psychischen Störungen und den psychischen Aspekten somatischer Störungen befasst" (Schraml 1970 zit. bei Perrez und Baumann 2011, S. 32). Als klinische Psychologen kommen Sie also mit Klienten oder Patienten in Kontakt, die Ihre professionelle Hilfe benötigen, um Ihren Alltag mit diesen psychischen Störungen oder mit anderen Krankheiten zusammenhängenden psychologischen Beeinträchtigungen besser bewältigen zu können. Ziel einer psychologischen Tätigkeit im klinischen Kontext ist es nicht, sich als allwissenden „Heiler" zu positionieren, sondern den Menschen Hilfe zur Selbsthilfe anzubieten.

In sehr vielen Fällen gelingt es, den Betroffenen Kompetenzen und Methoden zu vermitteln, sodass sie ihren Alltag wieder eigenständig und erfüllt bewältigen können.

Wie auch bei medizinischen Erkrankungen ist es jedoch auch bei psychischen Erkrankungen ausgeschlossen, die Beeinträchtigungen aller Klienten oder Patienten zu lindern oder zu beseitigen oder ihnen einen angemessenen Umgang mit einer chronischen seelischen Behinderung zu vermitteln.

Es gehört also in diesem Tätigkeitsbereich zur Tagesordnung mit Leid anderer Mitmenschen konfrontiert zu werden. Aufgaben wie Therapie von Kindern nach Kindesmisshandlung, Behandlung von Menschen mit Suchtkrankheiten, Beratung von Angehörigen psychiatrisch erkrankter Menschen, Rehabilitationsmaßnahmen von Menschen mit Gedächtnisstörungen etc. gehören zum Berufsbild von klinisch tätigen Psychologen. Eine sehr belastendende Situation ist sicher auch ein trotz intensivster therapeutischer Bemühungen erfolgter Suizid eines Patienten.

Für jeden klinisch tätigen Psychologen gibt es individuell andere Krankheitsbilder oder Situationen, die als besonders belastend empfunden werden. Es ist also wichtig, dies für sich heraus zu finden, um sich auf die individuellen Stärken konzentrieren zu können.

Diese Schilderung soll Sie nicht davor abschrecken, eine Entscheidung für ein klinisch psychologisches Tätigkeitsfeld zu treffen. Die Arbeit erfolgt immer mit dem Menschen als Ganzes, seiner individuellen Lebensgeschichte und seiner Persönlichkeit. Dies macht den Berufsalltag sehr abwechslungsreich. Zudem werden Sie in einer Tätigkeit als klinischer Psychologe sehr oft Menschen begleiten und unterstützen können und somit eine hohe Sinnhaftigkeit der eigenen Tätigkeit erleben. Im Gegensatz zu vielen Tätigkeiten in der Wirtschaft können sie die „Ergebnisse" erfolgreicher klinischer Arbeit plastisch greifen z. B. der Patient mit Agoraphobie („Platzangst"), dem es gelingt wieder die U-Bahn zu benutzen.

Als klinischer Psychologe arbeiten Sie so unmittelbar wie wenige andere „am Menschen" – mit allen positiven und negativen Erfahrungen, die das mit sich bringt. Eine zentrale Anforderung für eine erfolgreiche und zufriedenstellende Karriere in der klinischen Psychologie ist es, für sich zu entscheiden, ob man sich dies zutraut. Daher ist es umso wichtiger schon während des Studiums im geschützten Raum als Praktikant oder bei Besuchen in der Psychiatrie realitätsnahe Erfahrungen zu sammeln. Wie für alle anderen Berufsbilder gilt: Wenn man das Gefühl hat von den Belastungen, die ein Tätigkeitsfeld mit sich bringt, dauerhaft überfordert zu sein, so sollte sich man mit Rücksicht auf die eigene psychische Gesundheit ein alternatives Tätigkeitsfeld in der Psychologie oder einem gänzlich anderen Bereich suchen.

3.1.2.2   Fachliche Anforderungen

Wie bereits im Kapitel Grundsätzliches zum Studium der klinischen Psychologie beschrieben, bietet es sich an, sich im Bachelor eine stabile Ausbildung im Bereich der Grundlagenfächer allgemeine Psychologie, biologische Psychologie oder Sozialpsychologie zu erarbeiten, die Sie dann im zweiten Teil des Bachelorstudiums aber vor allem im Masterstudium um Inhalte aus der klinischen Psychologie, der Neuropsychologie oder der Familienpsychologie ergänzen können.

Für beide Studienabschnitte ist es von zentraler Bedeutung, sich intensiv mit den Themenfeldern psychologische Methodenlehre und Diagnostik auseinanderzusetzen, da Sie die dort vermittelten Inhalte, Modelle und Kompetenzen in praktisch allen psychologischen Tätigkeitsfeldern benötigen. Außerdem helfen speziell diese Methodenkenntnissen sich von anderen Fachgruppen im interdisziplinären Team zu differenzieren und damit auch die eigene Position zu stärken. Es lohnt sich also durchaus eine gewisse Energie in diese für manche anfänglich praxisfern und abstrakt wirkenden Disziplinen zu investieren.

Grundsätzlich sollten Sie Wahlfächer dazu nutzen Ihre individuelle universitäre Lernbiographie zu gestalten. Dabei sollten Sie versuchen persönliches Interesse und die Anforderungen des späteren Wunschberufs zu kombinieren. So können z. B. wirtschaftspsychologische Kenntnisse über Teamentwicklung und Gruppendynamik eine gute Ergänzung sein, wenn Sie häufig in interdisziplinären Teams arbeiten. Wie bereits ausgeführt, gibt es jedoch einige unabdingbare Voraussetzungen, wenn Sie an das Studium eine Weiterbildung zum „Psychologischen Psychotherapeuten" (PP) oder zum „Kinder- und Jugendlichenpsychotherapeuten" (KJP) anschließen wollen.

Auch solide Computerkenntnisse und die Beherrschung gängiger Office Anwendungen sind für praktisch alle klinischen Berufsfelder von Bedeutung. Wenn im gewählten Berufsbild zudem diagnostische Tätigkeiten anfallen, oder z. B. eine Therapiemethode auf ihre Wirksamkeit evaluiert werden soll, ist die Kenntnis von Statistikprogrammen hilfreich. Da jedoch viele Einrichtungen mit einer eigenen Administrationssoftware arbeiten, erfolgt die Vermittlung dieses Wissens häufig on the job.

Sprachkenntnisse sind zwar in vielen klinischen Kontexten kein Muss. Spätestens, wenn man sich jedoch über aktuelle Entwicklungen in der psychologischen Forschung auf dem Laufenden halten möchte sind solide Englischkenntnisse erforderlich. Über die vergangenen Jahre steigt der Anteil der Klienten oder Patienten mit Migrationshintergrund stetig an. Insofern können Sie Ihre eigene Position weiter stärken, wenn Sie über weitere Fremdsprachenkenntnisse und vor allem über relevantes interkulturelles Wissen verfügen.

3.1.2.3 Überfachliche Anforderungen

Neben den dargestellten fachlichen Anforderungen spielen besonders im klinisch psychologischen Bereich bestimmte Soft-Skills eine große Rolle. Besonders wichtig ist es, über Fähigkeiten und Techniken der Gesprächsführung zu verfügen. An manchen Universitäten werden Wahlfächer oder Trainings angeboten, über die man diese Fähigkeiten erwerben kann.

Außerdem ist es wichtig ein großes Interesse an seinem Gegenüber mitzubringen und anderen gegenüber eine wertschätzende Haltung, Offenheit und Aufgeschlossenheit zu zeigen, damit es gelingen kann eine tragfähige Beziehung zwischen Klient bzw. Patient und Berater bzw. Therapeut aufzubauen. Auch Kreativität und Flexibilität sind von großer Bedeutung, da sich alle Klienten bzw. Patienten voneinander unterscheiden und es gilt, jeden von ihnen individuell anzusprechen.

Neben den Kompetenzen, die dazu befähigen, erfolgreich mit Klienten bzw. Patienten zu arbeiten ist die eigene Selbstfürsorge wichtig. Man darf auch die eigenen Bedürfnisse nicht außer Acht lassen, auch wenn die Arbeit bisweilen hohe Anforderungen stellt. In diesem Kontext ist auch die Fähigkeit zur Selbstreflektion für Tätigkeiten im klinischen Bereich von großer Bedeutung. Es ist wichtig zu erkennen, was die Interaktion mit Klient bzw. Patient mit der eigenen Person macht und welche Prozesse bei einem selbst ablaufen, um diese richtig einzuordnen. Wie in den vorangegangenen Kapiteln dargestellt können Supervisions- oder Intervisionsangebote diese Reflektion unterstützen.

Da man sowohl in Kliniken, als auch in Beratungsstellen oftmals in interdisziplinären Teams zusammenarbeitet ist auch eine Offenheit anderen Berufsgruppen gegenüber hilfreich, insbesondere um auch persönlich von den Lernmöglichkeiten, die die Arbeit in einem diversen Team mit sich bringt, profitieren zu können.

3.1.3 Fazit

Tätigkeiten in der klinischen Psychologie sind aufgrund der immer wieder neuen Interaktionssituationen und Bedingungsgefügen äußerst abwechslungsreich. Man sieht sich stetig neuen Herausforderungen gegenüber, hat aber durch die eigene psychologische Kompetenz und die Zusammenarbeit mit Fachexperten anderer Hintergründe große Ressourcen, um diese erfolgreich zu meistern.

3.2 Berufsfelder als Wirtschaftspsychologe

3.2.1 Grundsätzliches zum Studium der Wirtschaftspsychologie

Wie muss der Arbeitsplatz in einem Unternehmen gestaltet sein, damit der Mitarbeiter bestmöglich arbeiten kann? Wie lassen sich passende qualifizierte Mitarbeiter für offene Stellen in einem mittelständischen Unternehmen auswählen? Wie lässt sich eine Mitarbeiterbefragung in einem Großkonzern umsetzen? Wie lässt sich untersuchen, welche Produkte von Konsumenten präferiert werden und wie Werbekampagnen zur Vermarktung dieser Produkte am besten gestaltet werden können?

Mit den oben genannten Fragen beschäftigen Sie sich im Rahmen eines Studiums mit dem Schwerpunkt Wirtschaftspsychologie. Die Bandbreite der Anwendungsszenarien der Wirtschaftspsychologie ist dabei breit gefächert, was in den folgenden Kapiteln sehr deutlich wird – von Organisationspsychologie über Training und Coaching bis hin zu Marktforschung handelt es sich um ein vielfältiges Spektrum an teilweise sehr unterschiedlichen Tätigkeiten. Dabei können Sie Wirtschaftspsychologie an den meisten Universitäten sowohl im Bachelor als auch im Master studieren bzw. als Schwerpunkt wählen. Darüber hinaus ist zu beachten, dass es neben universitären Studiengängen auch vermehrt Studiengänge an oftmals privaten (Fach-) Hochschulen gibt. Diese Studiengänge können ebenfalls gute Studienbedingungen bieten, doch sind sie in vielen Fällen nicht von der DGPs oder vom BDP anerkannt, so dass ein weiterführendes Masterstudium an Universitäten oftmals nur unter erschwerten Bedingungen möglich ist.

3.2.2 Praxis schon im Studium

Gerade für Tätigkeitsfelder im wirtschaftlichen Bereich ist es von essentieller Bedeutung, bereits parallel zur akademischen Ausbildung fachbezogene anwendungspraktische Erfahrungen zu sammeln. Hat man die Absicht, in einem renommierten Großunternehmen zu arbeiten, wird man voraussichtlich mit vielen Mitbewerbern um eine Stelle konkurrieren. Bei vergleichbaren Abschlussnoten können der Nachweis vertiefter Praxiserfahrung und entsprechende Branchenkenntnisse zum ausschlaggebenden Faktor bei der Personalentscheidung werden. Im Idealfall sollte die Praxiserfahrung einen inhaltlichen Bezug zu der angestrebten Tätigkeit aufweisen.

Es bieten sich verschiedene Möglichkeiten an, um schon im Studium entsprechende Erfahrungen zu sammeln. Die gängigste Methode sind in der Studienordnung festgelegte oder freiwillige Praktika. Praktika bieten eine attraktive Möglichkeit, das Aufgabenspektrum von Wirtschaftspsychologen in einem geschützten Raum unverbindlich kennen zu lernen und selbst erste praktische Erfahrungen zu sammeln. Auch wenn in der Studienordnung teilweise nur kurze Zeiträume für Praktika vorgesehen sind, z. B. 6 Wochen Pflichtpraktikum, sollten Sie erwägen, das Praktikum z. B. über ein Urlaubssemester auf drei bis sechs Monate zu verlängern. Dies hat für Sie den Vorteil, das Tätigkeitsfeld mit allen Vor- und Nachteilen ausführlich kennen zu lernen und nach einem repräsentativen Zeitraum zu beurteilen, ob Sie sich eine Berufstätigkeit in diesem Bereich vorstellen können. Setzt man eine Einarbeitungszeit von 2–4 Wochen an, um sich mit den gängigen Abläufen und Prozessen in einer Arbeitsstelle vertraut zu machen, so werden Sie nach dieser Einarbeitungszeit auch für die aufnehmende Organisation immer attraktiver. Dies kann dazu führen, dass Sie Stück für Stück mehr Verantwortung oder eigene kleine Projekte übertragen bekommen. Wichtig ist in diesem Zusammenhang jedoch, darauf zu achten, dass ein Praktikum in erster Linie als Lernmöglichkeit für den Praktikanten und nicht als billige Arbeitskapazität für die einstellende Organisation genutzt werden sollte. Im Regelfall werden Praktika im wirtschaftlichen Bereich vergütet. Hier bietet sich an, bei einem Bewerbungsgespräch die entsprechenden Konditionen zu erfragen und mit anderen Angeboten zu vergleichen.

Neben dem Praktikum können Sie über Werkstudententätigkeiten oder Hilfswissenschaftlerstellen erste praktische Erfahrungen sammeln. Hier steht jedoch nicht primär das Lernziel im Vordergrund, sondern Sie werden gezielt zur Ausführung einer bestimmten Aufgabe eingestellt.

Auch Studienabschlussarbeiten können in Kooperation mit Unternehmen in der Wirtschaft durchgeführt werden. Wichtig ist es hier, sich rechtzeitig darum zu kümmern, einen entsprechenden Betreuer an der Hochschule zu finden – Unternehmen können und dürfen keine Prüfungsleistungen abnehmen. Insbesondere an Universitäten ist darauf zu achten, dass die praktische Studienabschlussarbeit den festgelegten wissenschaftlichen Kriterien genügt. Es steht jedem Hochschuldozenten jederzeit frei, die Betreuung eines Themas aus diesem Grund abzulehnen.

3.2.3 Die Wirtschaftspsychologie als Spannungsfeld zwischen Optimierung und Humanisierung

Bei allen Tätigkeiten innerhalb der Wirtschaftspsychologie geht es um das Erleben und Verhalten des Menschen in unterschiedlichen wirtschaftlichen Kontexten. Begonnen bei ergonomischen Fragestellungen, d. h. dem Erleben und Verhalten des Autofahrers z. B. in Interaktion mit einem Navigationssystem, bis hin zu marktpsychologischen Fragestellungen, d. h. dem Erleben und Verhalten des Verbrauchers, wenn er z. B. mit einer neuen Werbekampagne konfrontiert wird, fasst der Oberbegriff wirtschaftspsychologische Tätigkeit ein sehr breites Themenspektrum zusammen.

Schwerpunkte der Tätigkeit bilden dabei letztlich immer die Optimierung und Humanisierung der Arbeitsumgebung und der sozialen Kontexte, in denen gearbeitet wird. Dabei bewegen wir uns als Psychologen in einem Spannungsfeld zwischen den Interessen der Unternehmen und den Interessen der Mitarbeiter. So kann es bei der Tätigkeit als Unternehmensberater oder auch als Organisationspsychologe natürlich um Steigerungen der Leistungsfähigkeit gehen, was mitunter zu Stellenabbau und ähnlichen Maßnahmen führen kann. Wir müssen uns also bei unserer Tätigkeit als Wirtschaftspsychologe durchaus damit auseinandersetzen, welchen ethischen und moralischen Werten wir uns verpflichtet fühlen. Gleichzeitig kann ein Stellenabbau aber auch zur Steigerung oder Erhaltung der Wettbewerbsfähigkeit beitragen, so dass dadurch zumindest die restlichen Arbeitsplätze gesichert sind. Insofern gibt es immer zwei Seiten einer Medaille, egal in welchem persönlichen Spannungsfeld wir uns bewegen.

Gleichzeitig bringt dieses Spannungsfeld natürlich die Chance mit sich, dass wir als Wirtschaftspsychologen viel bewegen können und viel zu einer humanen Arbeitsgestaltung beitragen können: Die Entwicklung optimaler Arbeitsplätze kann zu weniger Stress bei den Mitarbeitern führen. Die Durchführung von Coachings kann in eine bessere Führungskompetenz der Führungskräfte resultieren, wovon auch die Mitarbeiter profitieren. Die Etablierung von Gesundheitskonzepten in der Organisation kann die Work-Life Balance der Mitarbeiter unterstützen. Die Erforschung der Bedürfnisse der Konsumenten resultiert in individuellen Produkten und Innovationen.

3.2.4 Fachliche Anforderungen

In der Wirtschaftspsychologie ist eine fundierte Ausbildung auch in den Grundlagenfächern der Psychologie von großem Vorteil. Relevant sind hier insbesondere Allgemeine Psychologie (z. B. wenn es um die Motivation von Mitarbeitern geht), Biologische Psychologie (z. B. wenn Stressmodelle diskutiert werden), Persönlichkeitspsychologie (z. B. wenn die Auswahl von neuen Führungskräften anhand von Persönlichkeitseigenschaften erfolgen soll) und Sozialpsychologie (z. B. wenn ein gruppendynamisches Training gestaltet werden soll). Über alle Fragestellungen hinweg sind Statistik, Methoden und Diagnostik von großer Bedeutung, da darüber oftmals eine Alleinstellung von Psychologen gegenüber Betriebswirten, Juristen und anderen Disziplinen möglich ist. Letztlich geht es bei fast allen Tätigkeiten in der Wirtschaftspsychologie auch immer darum, wie Maßnahmen evaluiert werden können, um deren Wirksamkeit in Zahlen auszudrücken. Für diese Evaluationen sind methodische und diagnostische Kenntnisse von großer Bedeutung. Kann die Wirksamkeit einer wirtschaftspsychologischen Intervention nachgewiesen werden, kann dies die Bereitschaft der betroffenen Institution für weitere Maßnahmen erhöhen. Es lohnt sich also auf jeden Fall, sich mit diesen vermeintlich trockenen

Fächern auseinanderzusetzen, um sich entsprechende Kompetenzen und Fähigkeiten anzueignen.

Bei der Schwerpunktwahl oder der Wahl des Masterstudiengangs bietet sich ein wirtschaftspsychologischer Schwerpunkt an. Genauso sinnvoll kann aber auch eine Schwerpunktsetzung in der pädagogischen Psychologie sein, da es hier zahlreiche Überschneidungen gibt. Darüber hinaus werden an zahlreichen Universitäten und Hochschulen keine spezifischen wirtschaftspsychologischen Schwerpunkte angeboten – beispielsweise werden Arbeitspsychologie oder Markt- und Konsumentenpsychologie bisweilen nicht gelehrt. Das muss zwar kein Nachteil sein, da ein Quereinstieg immer möglich ist und gerade bei diesen Berufsfeldern insbesondere auch Grundlagenfächer und statistische Methoden eine große Bedeutung haben. Es bietet sich jedoch an, sich vor der Entscheidung für einen Studienort auch über die angebotenen Schwerpunkte und deren inhaltliche Ausgestaltung zu informieren. Als ergänzende Nebenfächer bieten sich in erster Linie natürlich BWL, VWL oder Arbeits- und Sozialrecht an. Genauso kommen aber andere Fächerkombinationen in Frage – zentral sind auch bei dieser Entscheidung wieder Ihre individuellen Interessen.

Gute bis sehr gute Computerkenntnisse sind in allen wirtschaftspsychologischen Tätigkeitsfeldern von großer Bedeutung. Dabei variiert der genaue Fokus, doch sind sichere Anwenderkenntnisse von Office Anwendungen inzwischen als Standard zu verstehen. Dabei geht es sowohl um Textverarbeitung, als auch um Präsentationen und um Datenverwaltung. Gerade bei Evaluationsprojekten oder auch in der Marktforschung sind Statistikprogramme hoch relevant, beispielsweise SPSS oder R für quantitative Auswertungen, aber auch MAXQDA und andere Anwendungen zur Auswertung qualitativer Daten. Darüber hinaus werden oftmals individuelle IT-Systeme oder SAP für Personalverwaltung oder andere Einsatzzwecke eingesetzt, doch erfolgt die Einarbeitung hier in den meisten Fällen direkt im Job.

Gute bis verhandlungssichere Englischkenntnisse sind inzwischen Standardvoraussetzung für Tätigkeiten in der Wirtschaft, da durch die zunehmende Globalisierung und durch vermehrte Standorte und Kooperationen im Ausland internationale Kontakte immer mehr zunehmen. Darüber hinaus sind weitere Sprachkenntnisse natürlich immer von Vorteil, doch sollte das von Ihren persönlichen Präferenzen abhängig gemacht werden. Natürlich wächst die Bedeutung aufstrebender Länder wie Brasilien, China, Indien, Russland, doch sollte eine Sprache oder ein Auslandsaufenthalt nie aus rein strategischen Gründen erfolgen, wie auch im Kapitel „Weitere Themen rund um den Berufseinstieg" ausführlich dargestellt wird.

3.2.5 Überfachliche Anforderungen

Mit den genannten fachlichen Anforderungen haben Sie bereits eine fundierte Grundlage für eine wirtschaftspsychologische Tätigkeit geschaffen. Darüber hinaus sind zahlreiche Soft-Skills relevant, die allerdings auch von Berufsfeld zu Berufsfeld variieren können.

Allgemein sind Präsentations- und Kommunikationskompetenzen von großer Bedeutung, da es in praktisch jedem wirtschaftspsychologischen Berufsfeld um die Vorstellung von Methoden, Konzepten und Ergebnissen geht, auch wenn die inhaltliche Ausgestaltung sehr unterschiedlich sein kann. Darüber hinaus spielen Kommunikationskompetenzen im Allgemeinen und insbesondere vertiefte Kenntnisse der Gesprächsführung und der Interviewtechniken ebenfalls eine große Rolle, zum Beispiel in der Personalpsychologie bei der Personalauswahl oder in der Marktforschung bei der Durchführung qualitativer Interviews. An vielen Universitäten und Hochschulen werden außercurricular Seminare und Angebote vermittelt, die die Vermittlung und Weiterentwicklung von Soft-Skills zum Ziel haben – eine in jedem Fall lohnende Investition. Gleichzeitig kann aber auch das Engagement in einem Verein oder andere gemeinnützige Tätigkeit die Möglichkeit der Weiterentwicklung Ihrer sozialen Kompetenzen bieten.

Eine Offenheit für Neues – im Sinne neuer Herangehensweisen, neuer Thematiken, neuer Methoden – ist in jedem Berufsfeld wichtig. Sie können nicht davon ausgehen, dass Sie mit dem im Studium Gelernten die nächsten 30 Jahre erfolgreich in der Praxis bestehen. Von essentieller Bedeutung ist somit die Lektüre von Fachzeitschriften, die Auseinandersetzung mit aktuellen Themen, der Besuch von Kongressen, um mit vorherrschenden Trends und neuen Entwicklungen vertraut zu sein. Gerade bei Tätigkeiten für größere Unternehmen ist es zudem wichtig, sich kontinuierlich über die allgemeinen wirtschaftlichen, rechtlichen und politischen Rahmenbedingungen zu informieren. Das gilt letztlich für jeden Bereich in der Wirtschaftspsychologie, so dass eine gesunde Neugier und eine Leidenschaft für Kreativität und Innovation sicherlich zu einem erfolgreichen Berufseinstieg beitragen.

Unternehmerisches Denken und Handeln ist für den Erfolg in vielen Tätigkeiten zentral, da sich Ihre Arbeit letztlich für die Organisation auszahlen muss. Die Abbildung von psychologischen Interventionen auf klassische Kennzahlen ist meist nur schwer zu realisieren. Deshalb ist es besonders wichtig, neben der eigentlichen Intervention auch geeignete Messgrößen zur Bewertung zu entwickeln. Es ist unerlässlich, stets die gesamte Organisation und deren Interessen im Blick zu behalten, um sicherzustellen, dass Ihre Intervention einen schlüssig begründbaren Beitrag zum Gesamterfolg leistet. Die Einnahme einer systemischen Sichtweise ist hilfreich, um die einzelnen Abteilungen und „Bausteine" innerhalb der Organisation und deren Verknüpfung und übergeordnete Zusammenhänge zu verstehen, um geeignete Ansatzpunkte für Interventionen zu identifizieren.

Wirtschaftspsychologische Fragestellungen spielen sich nicht im luftleeren Raum ab. Im Regelfall agiert man in einem interdisziplinären Kontext. Eine Offenheit gegenüber anderen Berufsgruppen und deren individuelle Ansätze bei der Problemanalyse und –lösung ist daher ebenfalls eine erfolgskritische Voraussetzung für eine erfolgreiche Tätigkeit. Neben Sozial- und Geisteswissenschaftlern werden Sie mit Wirtschaftswissenschaftlern und Juristen, aber genauso mit Naturwissenschaftlern oder Ingenieuren in Kontakt kommen. Dabei ist es zwar wesentlich, die eigene Identität als Psychologe zu behalten und auch Ihre Alleinstellungsmerkmale zu pflegen, aber gleichzeitig ist ein offener Umgang auf Augenhöhe und auch eine Neugier für andere Perspektiven und Herangehensweisen von hoher Bedeutung.

Insgesamt lässt sich festhalten, dass Tätigkeiten innerhalb der Wirtschaftspsychologie großen Abwechslungsreichtum und eine breite Aufgabenvielfalt mit sich bringen, was auch durch die persönlichen Erfahrungsberichte in den vorangegangenen Kapiteln gestützt wird. Durch neue Entwicklungen und sich verändernde Rahmenbedingungen müssen Sie immer in Bewegung bleiben und sich stetig neu erfinden und weiterentwickeln, um Ihre eigene Beschäftigungsfähigkeit zu erhalten. Unsere psychologische Kompetenz öffnet uns dabei viele Türen für eine wertvolle Bereicherung von Organisationen, um sowohl deren Existenz zu sichern, als auch deren Mitarbeitern bestmögliche Arbeitsbedingungen zu schaffen.

3.2.6   Fazit

Insgesamt lässt sich festhalten, dass Tätigkeiten innerhalb der Wirtschaftspsychologie großen Abwechslungsreichtum und eine breite Aufgabenvielfalt mit sich bringen. Durch neue Entwicklungen und sich verändernde Rahmenbedingungen müssen Sie immer in Bewegung bleiben und sich stetig neu erfinden und weiterentwickeln, um Ihre eigene Beschäftigungsfähigkeit zu erhalten. Unsere psychologische Kompetenz öffnet uns dabei viele Türen für eine wertvolle Bereicherung von Organisationen, um sowohl deren Existenz zu sichern, als auch deren Mitarbeitern bestmögliche Arbeitsbedingungen zu schaffen.

Vertiefter Einblick in die Personalpsychologie

4

Im Hauptwerk ‚Faszination Psychologie – Berufsfelder und Karrierewege' (Mendius und Werther 2013) werden über 20 verschiedene Berufsfelder für Psychologen detailliert vorgestellt – von Tätigkeiten in Kliniken über Unternehmensberatung bis hin zu Polizeipsychologie und Familienpsychologie. Im Folgenden soll exemplarisch ein vertiefter Einblick in den Beruf eines Personalpsychologen gegeben werden: Die Personalpsychologie, deren Wurzeln bereits in der Psychotechnik aus dem frühen 20. Jahrhundert liegen, gehört sicherlich zu den am längsten etablierten Disziplinen der Arbeits- und Organisationspsychologie. Personalpsychologen befassen sich mit vielfältigen Fragestellungen der Auswahl, Beurteilung und Entwicklung von Mitarbeitern und Führungskräften unter der Nutzung verschiedener diagnostischer Methoden. Das folgende Kapitel gibt Ihnen einen Überblick über die Aufgabengebiete und Besonderheiten der personalpsychologischen Arbeit und fokussiert dabei schwerpunktmäßig auf die Bereiche Eignungs- und Entwicklungsdiagnostik und Beurteilung. Auf die Ausgestaltung von Personalentwicklungsmaßnahmen wird im oben genannten Hauptwerk in Kap. 4.5 „Tätigkeiten als Trainer und Coach" sowie im Kap. 5.3 „Tätigkeiten in der Fort- und Weiterbildung" näher eingegangen.

4.1 Ein Szenario

Die Firma Exampleexcellence ist ein global tätiger Konzern im Bereich der Kunststofffertigung und beschäftigt ca. 90.000 Mitarbeiter an Standorten in 13 Ländern.

© Springer Fachmedien Wiesbaden 2015
M. Mendius, S. Werther, *Berufliche Karrierewege nach dem Psychologiestudium*,
essentials, DOI 10.1007/978-3-658-08857-6_4

Das Topmanagement hat jüngst beschlossen, zur Sicherung des Führungskräftenachwuchses in Deutschland ein Traineeprogramm mit internationalen Elementen einzuführen. Die Struktur und die Inhalte des Programmes sind bereits entwickelt und abgestimmt, es ist jedoch noch offen, wie sich die Auswahl der Teilnehmer für die insgesamt 15 verfügbaren Plätze gestalten soll. Erste von einer externen Marktforschung durchgeführte Untersuchungen haben ergeben, dass Exampleexcellence mit bis zu 700 Bewerbungen je ausgeschriebener Traineestelle rechnen muss.

Sybille Schneider, Leiterin der Abteilung für Eignungsdiagnostik, erhält daraufhin von Seiten des Personalvorstands den Auftrag, ein Auswahlverfahren für das Traineeprogramm zu entwickeln, das sicherstellt, dass mit vertretbarem Aufwand aus der großen Masse der Bewerber die bestgeeignetsten ausgewählt werden.

Frau Schneider bespricht die neue Aufgabe im nächsten Teammeeting mit ihren Mitarbeitern, um das weitere Vorgehen zu planen. Am Ende des Termins haben Frau Schneider und ihr Team folgende Strategie entwickelt:

- Gemäß des Betriebsverfassungsgesetzes sind Entscheidungen über Verfahren und Instrumente zur Auswahl von Mitarbeitern voll mitbestimmungspflichtig. Das heißt für das Team von Frau Schneider, dass während des gesamten Prozesses der Verfahrensentwicklung und –einführung eine enge Zusammenarbeit und Abstimmung mit der Arbeitnehmervertretung – dem Betriebsrat – notwendig ist.
- Um die richtigen Personen für eine Position auszuwählen, ist es zunächst einmal wichtig, die Anforderungen zu kennen, die für eine erfolgreiche Ausübung der Tätigkeit notwendig sind. Deshalb muss im ersten Schritt eine Anforderungsanalyse durchgeführt werden.
- Die Ergebnisse der Anforderungsanalyse müssen dann in genau beschriebene Auswahlkriterien übersetzt werden.
- Basierend auf den Auswahlkriterien werden Instrumente ausgewählt bzw. entwickelt, über die diese besonders gut abgebildet werden können.
- Der Einsatz der Instrumente soll so aufeinander abgestimmt werden, dass eine möglichst ressourceneffektive, aber gleichzeitig valide Auswahl getroffen werden kann.

Sieben Monate später haben die Experten aus dem Team von Frau Schneider in enger Abstimmung mit dem Betriebsrat ein Auswahlverfahren entwickelt und abgestimmt. Für die Anforderungsanalyse wurden sowohl die Anforderungen erfasst, die das Traineeprogramm an die Teilnehmer stellt, aber zugleich auch die Anforderungen berücksichtigt, denen sich spätere Führungskräfte im Alltag stellen müssen.

Als Kriterien wurden unter anderem logisch-schlussfolgerndes Denken, Veränderungsbereitschaft, Kulturpassung und Kommunikationsfähigkeiten identifiziert.

Es wurde beschlossen, darauf basierend ein dreistufiges Auswahlverfahren zu entwickeln, das auf einer Onlinebewerbung aufbaut. Im ersten Schritt werden gewisse K.O Kriterien z. B. Auslandserfahrung und Vorliegen eines Studienabschlusses oder einer Arbeitserlaubnis über das Online System abgeprüft und entsprechend vorausgewählt. Die verbleibenden Kandidaten werden zu einem Online-Test eingeladen, der logisch-schlussfolgerndes Denken und die Persönlichkeitseigenschaft Veränderungsbereitschaft erfasst. Bewerber, die diese beiden Hürden erfolgreich gemeistert haben, erhalten eine Einladung zu einem zweitägigen Assessment Center, in dem die Passung zu den definierten Kriterien im mehreren Übungen, Tests und einem Interview überprüft wird. Dabei werden die Bewerber von einem geschulten Beobachterteam anhand klar definierter verhaltensbezogener Kriterien beurteilt.

Durch die Kombination aus Online Vortest und Assessment Center ist es gelungen, die große Anzahl der Bewerber im ersten Schritt durch aussagekräftige Prädiktoren zu reduzieren und zugleich im zweiten Schritt die persönliche Passung der Teilnehmer in realitätsnahen Situationen zu überprüfen.

4.2   Personalpsychologie – was ist das?

Das eignungsdiagnostische Szenario, mit dem sich Frau Schneider in unserem fiktiven Beispiel konfrontiert sah, ist nur ein Anwendungsfeld der Personalpsychologie. Schuler (2006) definiert den Gegenstandsbereich der Personalpsychologie wie folgt: „Die Personalpsychologie betrachtet das Individuum in seinen Verhaltens-, Befindens-, Leistungs- und Entwicklungszusammenhängen als Mitarbeiter einer Organisation und ist damit ein Teilgebiet der Arbeits- und Organisationspsychologie." Im Mittelpunkt der Personalpsychologie steht also der Mensch mit seinen Fähigkeiten, Motiven und Eigenschaften. Die Personalpsychologie bildet eine wichtige Klammer zwischen den Wünschen und Bedürfnissen des Individuums und den Anforderungen der Organisationen an die Menschen. So strebt beinahe jede Person danach, einer Tätigkeit nachzugehen, die zum einen ihrer Qualifikation und ihren Talenten entspricht, gleichzeitig aber auch den persönlichen Bedürfnissen nach Selbstentfaltung und Zugehörigkeit Rechnung trägt. Organisationen sind zur Verwirklichung ihrer Zielsetzung auf die Tatkraft ihrer Mitarbeiter angewiesen. In jüngster Zeit wird dem sogenannten Humankapital, also der Mitarbeiterschaft, eine immer größere Bedeutung als erfolgsdifferenzierender Faktor im Wettbewerb zugeschrieben. Organisationen müssen also zum einen als potentieller Arbeitgeber bekannt und attraktiv werden. Dann gilt es, diejenigen Mitarbeiter auszuwählen, die Eigenschaften mitbringen, welche für die Verfolgung der Unternehmensziele benötigt werden, sich aber gleichzeitig gut in die bestehende Kultur einfügen. Schließlich sind Maßnahmen zu treffen, die es den Mitarbeitern ermöglichen, sich fachlich und persönlich weiterzuentwickeln, und gleichzeitig zu einer hohen emotionalen Bindung an die Organisation führen. Die Personalpsychologie bietet also ein breites Spektrum von Beschäftigungsfeldern für Psychologen an, welche im Folgenden kurz skizziert werden sollen.

4.2.1   Employer Branding und Personalmarketing

Aufgrund des demographischen Wandels und der damit verbundenen zunehmenden Verknappung des Erwerbspotentials wird es immer wichtiger für ein Unternehmen, sich bei der relevanten Zielgruppe als attraktiver Arbeitgeber zu präsentieren. Grundsätzlich hat sich in vielen – vor allem den technischen – Bereichen eine komplette Verschiebung des Verhältnisses von Bewerbern zu offenen Stellen ergeben. Für manche ausgeschriebenen Stellen findet sich nur noch eine geringe Anzahl an entsprechend ausgebildeten Bewerbern. Um diese potenziellen Mitarbeiter zu erreichen, ist es notwendig, das eigene Unternehmen mit einer starken Arbeitgebermarke – der sogenannten Employer Brand – zu positionieren. Die Employer Brand bildet meist einige Wertversprechen ab, über die Arbeitgeber versuchen, sich abseits des Produkts und anderer unveränderbarer Fakten von den Wettbewerbern zu differenzieren. Diese Wertversprechen bilden oft auch die Basis für die Entwicklung von gezielten Personalmarketingaktivitäten. Personalmarketingaktivitäten sind meist dann erfolgreich, wenn sie authentisch aufzeigen, dass zwischen den Wertversprechen der Unternehmen und den Wünschen der Zielgruppe eine große Übereinstimmung besteht. Personalpsychologen nutzen in diesem Kontext z. B. Befragungen oder Studien, um die Bedürfnisse der Zielgruppe zu erschließen und gemeinsam mit den Kollegen anderer Fachrichtungen gezielte Maßnahmen abzuleiten. Eine Grundlage liefern dabei Ergebnisse, wie sie im Kap. 4.7 „Tätigkeiten als Markt- und Meinungsforscher" dargestellt werden.

Ein gutes und gezieltes Personalmarketing ist auch für die im nächsten Abschnitt vorgestellte Eignungsdiagnostik von zentraler Bedeutung. Nur wenn sich Personen bewerben, die über die zur erfolgreichen Ausführung einer Aufgabe notwendigen Fähigkeiten und Eigenschaften verfügen, kann eine Personalauswahl erfolgreich verlaufen. Geht man davon aus, dass die gewünschten Eigenschaften in der Gesamtbevölkerung normalverteilt vorliegen, so ist es also wichtig, eine große Gruppe potentieller Merkmalsträger anzusprechen und damit in der Bewerbermasse eine ausreichende Grundquote an geeigneten Personen zu haben.

4.2.2 Personalauswahl und Eignungsdiagnostik

Wie im Eingangsszenario beschrieben, ist es eines der Hauptaufgabenfelder der Personalpsychologie, dafür zu sorgen, dass in einer Organisation die richtigen Mitarbeiter ausgewählt und an dem für sie richtigen Platz eingesetzt werden. Das Wort „richtig" bezieht sich dabei keinesfalls nur auf vermeintliche objektive Leistungsmerkmale wie Abschlussnoten oder Anzahl von Auslandsaufenthalten. Vielmehr geht es darum, den Kandidaten auszuwählen, der von seiner gesamten Persönlichkeit – also der individuellen Ausprägung an Eigenschaften und Motiven – am besten zu den in der Anforderungsanalyse spezifizierten Bedarfen und zur bestehenden Unternehmenskultur passt. Um bei der Auswahl der Kandidaten diese bestmögliche Passung zu erzielen, kann die Personalpsychologie auf eine Vielzahl eignungsdiagnostischer Verfahren zugreifen. Beispielhaft sollen hier gängige Methoden, wie z. B. Interviewtechniken, Leistungs- und Persönlichkeitstests oder Arbeitsproben genannt werden. Es gibt jedoch noch eine Vielzahl weiterer Instrumente und Methoden. Einen guten Überblick bietet das Buch „Psychologische Personalauswahl" von Schuler. Manchmal werden auch mehrere eignungsdiagnostische Verfahren zu sogenannten Assessment Centern zusammengefasst. In einem Assessment Center werden ein oder mehrere Bewerber von mehreren geschulten Beobachtern in mehreren Übungen bezüglich der in der Anforderungsanalyse definierten Kriterien beurteilt. Der Zeitraum erstreckt sich zwischen einem und drei Tagen. Assessment Center werden von vielen Unternehmen eingesetzt, da sie neben der Beurteilung der Bewerber auch als Marketing- und als Personalentwicklungsinstrument dienen können. Gerade in der Zeit von Social Media ist es durchaus wichtig, für ein angenehmes Bewerbererlebnis zu sorgen, da die Bewerber dies in ihren Netzwerken auch entsprechend kommunizieren und somit wiederum für zusätzliche Interessenten sorgen könnten. Mitarbeiter des Unternehmens, die als Beobachter an einem Assessment Center teilnehmen, können hier oftmals ihre Beobachtungs- und Beurteilungsfähigkeit verbessern und erhalten zudem oft spezielle Vorbereitungstrainings.

4.2.3 Personalbeurteilungssysteme und Entwicklungsdiagnostik

Ebenso wichtig wie die richtigen Mitarbeiter auszuwählen ist es, regelmäßig zu prüfen, ob die bestehenden Mitarbeiter ihren Stärken und Möglichkeiten entsprechend eingesetzt sind und auch die von ihnen erwartete Leistung erbringen. Um Mitarbeiter gezielt weiterzuentwickeln, ist es zudem von großer Bedeutung, Ansätze für Personalentwicklungsmaßnahmen zu identifizieren. Die Personalpsychologie kann über die Entwicklung und Bereitstellung von Methoden zur Personalbeurteilung und Entwicklungsdiagnostik die Organisation zu einem erfolgreichen Umgang mit diesen Herausforderungen befähigen. Im Bereich der Beurteilungssysteme können z. B. basierend auf dem definierten Kompetenzmodell einer Organisation Leitfäden für jährliche Beurteilungsgespräche zwischen Führungskraft und Mitarbeiter entwickelt werden, über die die Führungskraft dem Mitarbeiter detailliertes Feedback zu seiner Leistung auf den einzelnen Dimensionen dienen kann. Zur Entwicklungsdiagnostik kann zum Beispiel ein sogenanntes Development Center genutzt werden. Es basiert auf einem ähnlichen Vorgehen wie das Assessment Center und wird vorrangig für Mitarbeiter genutzt, die möglicherweise für die Übernahme einer Funktion auf einer höheren Ebene in Betracht kommen. Ziel ist es hier aber nicht, eine einfache „geeignet – ungeeignet" Entscheidung zu treffen, sondern gerade für die aktuell „ungeeignete" Gruppe geeignete Maßnahmen zu identifizieren, wie die aktuell auftretende Diskrepanz zwischen den gezeigten Kompetenzen der Person und den Anforderungen der Funktion geschlossen werden kann. Beurteilungssysteme und Entwicklungsdiagnostik haben damit enge Schnittstellen zum Themenbereich Personalentwicklung, aber auch mittelbar zu den Bereichen, Entgeltplanung oder Personalplanung.

4.2.4 Personalentwicklung

Oftmals resultieren aus den Personalbeurteilungen oder der Entwicklungsdiagnostik Empfehlungen, wie der einzelne Mitarbeiter seine bestehenden Kompetenzen aufgaben- und zielentsprechend erweitern kann. Ein weiterer Ausgangspunkt für Personalentwicklungsmaßnahmen können auch strategische Überlegungen der Unternehmensleitung sein. Entscheidet der Vorstand beispielsweise, dass die Organisation in Zukunft ein neues Produkt anbieten will, so müssen personalseitig die Voraussetzungen dafür geschaffen werden. So kann es beispielsweise sein, dass zur Entwicklung und Produktion des neuen Produkts Kompetenzen notwendig sind, die es so im Unternehmen noch nicht ausreichend gibt. Natürlich kann man sich diese Kompetenzen von extern holen, es ist jedoch auch möglich, bestehende Mitarbeiter gezielt weiter zu qualifizieren, damit sie diese neuen Aufgaben erfolgreich ausführen können. Mitarbeiter bei ihrer Weiterentwicklung zu unterstützen sowie entsprechende Angebote zu entwickeln und zur Verfügung zu stellen, ist damit eine weitere zentrale Aufgabe der Personalpsychologie. Detaillierte Informationen zu diesem Thema finden sich im Kap. 5.3 Tätigkeiten in der Fort- und Weiterbildung.

4.2.5 Retention Management

Eine der zentralen personalseitigen Herausforderungen, vor die Unternehmen aktuell gestellt werden, ist der Fachkräftemangel und die damit verbundene Notwendigkeit, qualifizierte Mitarbeiter nicht nur über Employer Branding Maßnahmen zu gewinnen, sondern auch langfristig zu binden. Besonders in einigen aufstrebenden Arbeitsmärkten sind Arbeitgeber mit einer hohen Fluktuation, d. h. einer hohen Wechselbereitschaft ihrer Mitarbeiter konfrontiert. Hier setzt das Retention Management an. Ausgangspunkt für die Gestaltung gezielter Maßnahmen, wie z. B. Bindungsprogramme ist, wie bei vielen anderen Fragestellungen in der Personalarbeit zunächst einmal eine klare Definition der Zielstellungen des Retention Managements und eine umfassende Datensammlung. Aus der reinen Unternehmenssicht gibt es Mitarbeitergruppen, vor allem sogenannte Mangelkompetenzträger, die über Qualifikationen verfügen, die auf dem Arbeitsmarkt nur schwer zu beschaffen sind, wo ein Verlust für das Unternehmen besonders schwer wiegt – insbesondere auch, da die Gefahr besteht, dass diese Personen ihr Wissen mit zu einem Konkurrenten nehmen könnten. Es gibt jedoch auch Zielgruppen, wo sogar ein gewisses Interesse an einer natürlichen Fluktuation besteht, da diese eine stetige Erneuerung der Mitarbeiterkompetenzen eines Unternehmens mit sich bringt. Retention Management zielt vorrangig auf die erste Gruppe ab. In einem zweiten Schritt ist es wichtig, die Motive und Beweggründe zu schließen, die dazu führen, dass Mitarbeiter einen Unternehmenswechsel in Erwägung ziehen bzw. gerade nicht in Erwägung ziehen. Dazu bietet sich der Einsatz verschiedener Befragungs- und Interviewtechniken und natürlich der Abgleich mit etablierten psychologischen Konzepten z. B. Commitment an. Ausgehend von dieser Datenbasis können dann Konzepte zur gezielten Mitarbeiterbindung entwickelt und in das Gesamtportfolio der Personalentwicklungsmaßnahmen aufgenommen werden.

4.2.6 Evaluation

Personalarbeit ist für Organisationen in erster Linie nicht wertschöpfend – das Personalwesen verdient also nicht direkt Geld für das Unternehmen. Auch wenn Personalpsychologen von extern – z. B. von Unternehmensberatungen – für ein Projekt zugekauft werden, entstehen der Organisation zunächst einige Kosten. Die Effekte guter Personalarbeit auf das Geschäftsergebnis zeigen sich eher indirekt. Werden z. B. über ein neu konzipiertes Auswahlverfahren mehr Mitarbeiter mit optimaler Passung zu den Anforderungen der Tätigkeit ausgewählt als mit den bestehenden Instrumenten, kann dies dazu führen, dass diese eine höhere Leistung erbringen und damit auch zum Geschäftserfolg beitragen. Ebenso können oftmals Kosten eingespart werden, wenn es gelingt, für neue Aufgabenfelder bestehende Mitarbeiter weiterzuentwickeln anstatt sich neue von außen hereinzuholen. Personalpsychologen haben also ein großes Interesse daran, die Wirksamkeit der von ihnen entwickelten und genutzten Verfahren zu belegen, um der Geschäftsführung bzw. dem Auftraggeber zu belegen, dass es sich auch lohnt, in den Personalbereich zu investieren. Zu diesem Zweck setzen Personalpsychologen Evaluationssysteme auf, die z. B. Leistungsdaten vor dem Einsatz eines neuen Verfahrens mit den Daten nach dem erstmaligen Einsatz und nach drei Jahren seit der Einführung mit Hilfe von statistischen Methoden vergleichen.

4.3   Personalpsychologie – ein ganz besonderes Tätigkeitsfeld?

Betrachtet man die im vorigen Abschnitt dargestellten personalpsychologisch relevanten Bereiche, so wird schnell deutlich, dass eine Abgrenzung von Personalpsychologie zu Tätigkeiten im Personalwesen oder dem heute gängigen Begriff Human Resource Management nur schwer möglich ist. Personalpsychologie hat für beinahe das komplette Spektrum der Personalarbeit große Relevanz. Ausnahmen bilden hier z. B. die Bereiche operative Personalbetreuung und Vertragswesen, Compensation and Benefits oder Arbeitssicherheit. Jedoch sind auch für Tätigkeiten in diesen Bereichen psychologisches Grundwissen und soziale Kompetenzen sicher hilfreich. In den folgenden Abschnitten sollen nun einige Besonderheiten der Tätigkeit im Personalbereich und, sofern differenziert möglich, der Tätigkeit als Personalpsychologe dargestellt werden.

4.3.1   Aufgaben im Rahmen der Tätigkeit

In Abschn. 4.3 dieses Kapitels wurden gängige Einsatzgebiete für Personalpsychologen vorgestellt. Alle die dort dargestellten Tätigkeiten haben zentrale Eigenschaften gemein. Der Fokus liegt eher auf konzeptuellen, als auf rein operativen Tätigkeiten. Z. B. werden von Personalpsychologen Leitfäden zur Personalbeurteilung entwickelt. Eingesetzt werden diese jedoch primär von den Führungskräften einer Organisation, die dabei in manchen Fällen von nicht zwangsweise psychologisch ausgebildeten Mitarbeitern aus dem operativen Personalwesen unterstützt werden. Für konzeptuelle Arbeiten sind auf der einen Seite eine methodische Vorgehensweise und die Kenntnis relevanter Theorien von großer Bedeutung, um ein in sich schlüssiges qualitativ hochwertiges Konzept entwickeln zu können. Da die entwickelten Konzepte jedoch in bestehende Unternehmenssysteme einfließen, ist es zentral, bereits früh in der Konzeptphase alle betroffenen Schnittstellenpartner mit einzubeziehen. Dabei handelt es sich, je nach Tragweite des Konzepts, um die Kollegen des operativen Personalwesens, eine höhere Führungsebene, die Konzern IT und die Arbeitnehmervertretung – den Betriebsrat. Zum Beispiel ist das Thema Auswahlverfahren in Deutschland voll mitbestimmungspflichtig. Das heißt, der Betriebsrat als Interessensvertretung der Arbeitnehmer ist bei derartigen Fragestellungen von Anfang an mit einzubeziehen. Neben der eigentlichen inhaltlichen konzeptuellen Arbeit sind Personalpsychologen also häufig in Abstimmprozesse eingebunden.

4.3.2   Mobilitätsbereitschaft

Konzeptionelle Personalarbeit gehört bei den meisten Unternehmen zu den sogenannten Zentralfunktionen. Das bedeutet, dass die dort tätigen Mitarbeiter bei großen Unternehmen zumeist in der Unternehmenszentrale oder in großen Ländergesellschaften tätig sind. Operative Personalarbeit spielt sich überall ab. Demzufolge gibt es an fast allen Standorten eigene Personalabteilungen z. B. für das Recruiting, die Personalauswahl oder die Beurteilungssysteme. Je nachdem in welcher Funktion man tätig ist, ergeben sich unterschiedliche Anforderungen an die Reisetätigkeiten. Bei in der Zentrale verorteten konzeptuellen Tätigkeiten kann es notwendig sein, zu Abstimmungszwecken die von der Konzeptänderung betroffenen Standorte im In- und Ausland zu besuchen. Manchmal werden Dienstreisen hier auch aufgrund des Expertenwissens zu bestimmten personalpsychologischen Fragestellungen z. B. Personalauswahl notwendig. Die eigentliche Arbeit findet jedoch primär an einem festen Arbeitsplatz statt. Im operativen Bereich – insbesondere in kleineren Unternehmen mit vielen Außenstellen – kann es notwendig sein, für die Personalbetreuung von Standort zu Standort zu fahren. Die Anforderungen an die Mobilität sind also stark unterschiedlich und sollten daher im Rahmen einer Bewerbung abgeklärt werden.

4.3.3   Arbeitszeit und Bezahlung

In den meisten Fällen sind Personalpsychologen fest in einer Organisation angestellt. Der Bedarf nach konzeptioneller personalpsychologischer Arbeit besteht in der Regel erst ab einer gewissen Unternehmensgröße. Dementsprechend findet sich ein Großteil der relevanten Stellen in mittelständischen Unternehmen und großen Konzernen, die im Regelfall den tariflichen Bestimmungen der jeweiligen Branchen unterliegen bzw. diese um eigene Betriebsvereinbarungen ergänzt haben. Dementsprechend können die aktuell gültigen Regelungen auf den Homepages der entsprechenden Gewerkschaften abgerufen werden. So kommt z. B. bei einer Tätigkeit in der Automobilbranche der Tarifvertrag für die Metall- und Elektroindustrie zum Tragen oder bei Tätigkeiten bei öffentlichen Trägern die Regelungen der Tarifverträge für den öffentlichen Dienst des Bundes bzw. der Länder. In diesen Verträgen werden unter anderem Arbeitszeiten, die Höhe des Urlaubsanspruchs, Arbeitszeitmodelle wie z. B. Gleitzeit, Zusatzleistungen wie z. B. Weihnachtsgeld oder Urlaubsgeld geregelt, aber auch mögliche Gehaltsstufen und die damit verbundenen Qualifikationsanforderungen für Bewerber festgelegt. Vor einer Vertragsverhandlung ist es daher dringend zu empfehlen, sich mit den für das Unternehmen gültigen Tarifregelungen auseinander zu setzen. Unternehmen, die nicht unter den Geltungsbereich bestimmter Tarifverträge fallen, schreiben in Stellenausschreiben häufig „Die Bezahlung erfolgt angelehnt an den Tarif XY" – insofern bieten sich auch hier Ansatzpunkte zur Vorbereitung. Neben der Anstellung zu tariflichen Bedingungen sind auch Beschäftigungsverhältnisse im außertariflichen Bereich möglich. Diese gelten meist nicht für Berufseinsteiger, sondern für Bewerber mit vorhandener Berufserfahrung. Meistens erfolgt hier eine deutlich höhere Vergütung, aber keine exakte Zeiterfassung, sodass sich nicht zwangsläufig ein höherer absoluter Stundenlohn ergibt. Hier kommen die tariflichen Regelungen nicht zur Anwendung und Arbeitszeiten, Gehalt und Zusatzleistungen können zu einem großen Teil individuell verhandelt werden. Details bezüglich der Arbeitszeiten und der Vergütung für in Unternehmensberatungen tätigen Personalpsychologen finden sich in einem eigenen Kapitel im Hauptwerk ‚Faszination Psychologie – Berufsfelder und Karrierewege' (Mendius und Werther 2013).

4.3.4 Karrieremöglichkeiten

Bezüglich der Karrieremöglichkeiten ist zwischen einer sogenannten Expertenkarriere und einer Führungskarriere zu unterscheiden. Personalpsychologen haben durch ihren in vielen Organisationen einzigartigen Ausbildungshintergrund die Möglichkeit, sich für bestimmte Fachgebiete als Experten zu positionieren, z. B. im Bereich der Eignungsdiagnostik. Ein Karriereziel kann es sein, in einem großen Unternehmen zum Hauptansprechpartner für alle eignungsdiagnostischen Fragen zu werden. Um eine derartige Position zu erreichen, ist es notwendig, kontinuierlich fachlich zu überzeugen und sich ein gutes Netzwerk aufzubauen. Eine

Expertenkarriere bedeutet jedoch nicht zwangsläufig die Übernahme einer disziplinarischen Führungsrolle.

Demgegenüber steht die klassische Linienkarriere, wie sie in vielen Organisationen anzutreffen ist. Erfolgt eine kontinuierliche Bewährung auf der eigenen Position und gelingt es, die eigene Führungskraft und das entsprechende Netzwerk davon zu überzeugen, dass man für eine Führungsrolle geeignet ist, so ist eine Übernahme einer Funktion auf einer höheren Ebene möglich. In diesem Kontext muss sich dann auch ein Personalpsychologe selbst mit den definierten Anforderungen und Kompetenzausprägungen für die Zielfunktion auseinandersetzen und ggf. entsprechende Auswahl- und Entwicklungsverfahren durchlaufen. In diesen höherrangigen Funktionen steht dann weniger die fachliche Expertentätigkeit an personalpsychologischen Fragestellungen im Vordergrund, sondern vermehrt die disziplinarische Führung eines eigenen Teams und viele koordinative Funktionen, um die Arbeit der eigenen Gruppe stimmig im Gesamtbild der Personalarbeit zu verorten. Meistens geht mit der Übernahme von Führungsverantwortung auch ein finanzieller Aufstieg einher.

4.3.5   Persönliche Weiterbildung

Solange man in Expertenfunktionen tätig ist, ist es wichtig, sich bezüglich relevanter Entwicklungen in der Psychologie auf dem Laufenden zu halten. Insbesondere bei Tätigkeiten im Themenfeld Eignungsdiagnostik sollte zudem eine Zertifizierung nach DIN 33430 ‚Anforderungen an Verfahren und deren Einsatz bei berufsbezogenen Eignungsbeurteilungen‘ in Erwägung gezogen werden (siehe www.bdp-verband.de/bdp/politik/din.shtml). Weiterbildungen im Bereich Arbeits- und Sozialrecht sind ebenfalls zu empfehlen – insbesondere, wenn man häufig an Konzepten arbeitet, die unter die Mitbestimmung der Arbeitgebervertretung fallen.

4.3.6   Selbstständigkeit

Personalpsychologische Dienstleistungen können selbstverständlich auch aus einer externen Position angeboten werden. Weitere Details dazu finden sich im Kapitel ‚Tätigkeiten als Unternehmensberater‘ im Hauptwerk, nachdem an dieser Stelle aus Platzgründen nicht detailliert darauf eingegangen werden kann. Allgemeine Hinweise und Perspektiven zur Selbstständigkeit finden sich ebenfalls im Hauptwerk im Kapitel ‚Weitere Themen rund um den Berufseinstieg‘.

4.4 Die Rolle von Psychologen im Kontext der Personalarbeit

Psychologen sind aufgrund ihrer spezifischen Ausbildung insbesondere für die Übernahme konzeptioneller Tätigkeiten in den oben dargestellten personalpsychologischen Einsatzfeldern geeignet. In vielen Organisationen ist das Personalwesen bezüglich der fachlichen Hintergründe der Mitarbeiter sehr heterogen aufgestellt, so sind neben betriebs- und volkswirtschaftlichen Hintergründen auch juristische, pädagogische und soziologische Hintergründe anzutreffen. Es gibt jedoch einige Bereich wie z. B. die Eignungsdiagnostik, in denen sich Psychologen eine eigene Nische erarbeiten können. Manche psychologische Testverfahren dürfen nämlich ausschließlich von Psychologen eingesetzt und ausgewertet werden. In anderen Kontexten ist eine enge Zusammenarbeit mit den anderen Fachgruppen vorteilhaft, da sich nur durch die Integration aller Sichtweisen inhaltlich fundierte und zugleich wirtschaftlich begründbare und rechtssichere Konzepte entwickeln lassen.

4.5 Anforderungen an eine Tätigkeit als Personalpsychologe

Im Folgenden werden Hinweise gegeben, wie bereits während der akademischen Ausbildung einige Weichen in Richtung einer erfolgreichen Tätigkeit als Personalpsychologe gestellt werden können. Wie bei allen anderen Berufsfeldern gibt es hier jedoch auch nicht den einen Königsweg, sondern es gibt unterschiedlichste Pfade und persönliche Entwicklungsmöglichkeiten, die zum Ziel führen können.

4.5.1 Schwerpunktsetzung

Für die fachliche Schwerpunktsetzung ist ein Fokus auf wirtschaftspsychologische Themen zu empfehlen. Wird angestrebt, bereits nach dem Bachelor in das Erwerbsleben zu starten, sollte sich eine wirtschaftspsychologische Schwerpunktsetzung schon dort wiederfinden. Wird eine Tätigkeit in der Personalentwicklung angestrebt, bietet sich als weiterer Schwerpunkt die pädagogische Psychologie an. Aufgrund der häufigen interdisziplinären Arbeit sind als Nebenfächer besonders Betriebs- oder Volkswirtschaftslehre, Pädagogik oder Arbeits- und Sozialrecht geeignet

4.5.2   Fachliche Inhalte

Je nach Einsatzwunsch bietet es sich an, gezielt Veranstaltungen z. B. in der Eignungsdiagnostik oder im Bereich der Personalentwicklung zu belegen. Beinahe zwingend ist es jedoch, solides Expertenwissen in Testtheorie, Statistik und Methodenlehre zu erwerben. Dieses Wissen ist die Basis für jegliche Tätigkeit im Bereich der Testung oder der Evaluation und stellt zudem ein zentrales Alleinstellungsmerkmal gegenüber vielen Mitbewerbern aus anderen Fachgruppen dar.

4.5.3   Computerkenntnisse

Gute Anwenderkenntnisse der gängigen Office Anwendungen sind ebenso erforderlich wie die Erfahrung mit Statistikprogrammen wie z. B. SPSS oder R. Im operativen Personalwesen sind zudem Grundkenntnisse in SAP HR hilfreich – diese können jedoch auch oft im Rahmen der Berufstätigkeit erworben werden.

4.5.4   Sprachkenntnisse

Gerade in großen Organisationen werden sehr gute bis verhandlungssichere Englischkenntnisse als Einstiegskriterium vorausgesetzt. Über weitere Fremdsprachenkenntnisse – insbesondere für aufkommende Arbeitsmärkte wie z. B. Brasilien, China, Indien, Mexico oder Russland kann die eigene Position in einem Bewerbungsverfahren weiter gestärkt werden.

4.5.5   Praxis, Praxis, Praxis

Der Arbeitsmarkt für Festanstellungen im Personalbereich ist umkämpft. Insofern können es sich viele Unternehmen erlauben, eine strenge Vorauswahl der Bewerber zu treffen. Nutzt man das Studium, um sich bereits früh in der eigenen Karriere relevante Praxiserfahrung in personalpsychologischen Fragestellungen zu erarbeiten z. B. über Praktika, Werkstudententätigkeiten oder das Verfassen der eigenen Studienabschlussarbeit in einem Unternehmen, so kann man sich gegenüber Mitbewerbern mit wenig oder keiner Praxiserfahrung eventuell entscheidend absetzen. Der zweite Vorteil von frühzeitiger Praxiserfahrung ist, dass diese die Möglichkeit bietet, für sich zu entscheiden, ob eine Tätigkeit im Personalbereich ein Berufsfeld ist, das einem liegt und das man sich für die tägliche Arbeit vorstellen kann.

4.6   Eine Perspektive aus der Praxis…

Titel, Vor- und Nachname	Jasmin Promberger
Organisation/ Unternehmen	Personic GmbH
Berufsbezeichnung	Geschäftsführung (Recruiterin)
Schwerpunkte im Psychologiestudium	Arbeits- und Organisationspsychologie
	Human Ressource Management
Wieso haben Sie sich für eine Tätigkeit als Personalpsychologin entschieden?	Während meines Psychologie-Studiums entdeckte ich über Praktika mein Interesse für die freie Wirtschaft. Die Personalpsychologie bietet für mich die gelungene Schnittmenge aus diesem Interesse und meinen psychologischen Kenntnissen
Was, glauben Sie, können Psychologen in diesem Berufsfeld bewegen?	Die Psychologie gibt uns gute Tools für die Personalauswahl und -entwicklung an die Hand. Außerdem glaube ich, dass das Psychologiestudium meine Menschenkenntnis geschult hat, was mir im Arbeitskontext schon oft gute Dienste geleistet hat
	Auch meine Kenntnisse in der Gesprächsführung und Mediator-Fähigkeiten haben mir bei kritischen Themen (mit Kollegen, Mitarbeitern oder Kunden) oft weitergeholfen
Was hat Sie an Ihrer Tätigkeit am meisten überrascht?	Ich glaube, dass die Psychologie gerade für das Recruitment (als Schnittmenge aus Personal und Sales) eine ideale Grundlage bietet. Mich hat dabei vor allem überrascht, wie gut meine psychologischen Kenntnisse für den Vertriebsbereich einsetzbar sind
Ist es möglich, diesen Beruf mit einem normalen Familienleben zu vereinen?	In der Selbständigkeit (mit eigener Firma und angestellten Mitarbeitern) habe ich die Freiheit, mir meine Zeit selbst einzuteilen, und ich bin optimistisch, dass auch die Gründung einer Familie mit diesem Modell vereinbar ist
	Auch in der Festanstellung empfand ich die Arbeit als sehr selbstbestimmt. Die Abende oder Wochenenden kann man sich sehr gut frei halten
	Trotz allem ist die Arbeit im Recruitment nach meinem Verständnis ein Vollzeit-Job, der z. B. als 50 %-Stelle nur schwer auszufüllen sein dürfte. Allerdings sind andere familienfreundliche Modelle wie z. B. Homeoffice gut möglich
Welchen Tipp haben Sie für Psychologen, die sich überlegen, als Personalpsychologe zu arbeiten?	In der Personalsuche sind extrovertierte Psychologen gefragt, die gerne mit vielen verschiedenen Menschen Kontakt haben
	Ein Praktikum in diesem Bereich ist sicher der ideale Einstieg und hilft einzuschätzen, ob der Job zu einem passt. Interessierte können sich gerne an mich wenden unter info@personic.de
Stoßen Sie manchmal auf Vorurteile wegen Ihrer Ausbildung?	In meinem Umfeld arbeiten nur sehr wenige Psychologen, deshalb habe ich das Gefühl, als etwas „Besonderes" wahrgenommen zu werden. Die Ausbildung ruft eher Respekt hervor als Ablehnung und ich werde oft nach einer „psychologischen" Beurteilung gefragt

Themen rund um den Berufseinstieg

In diesem Kapitel können wir lediglich einen kleinen Überblick über relevante Themen für den Berufseinstieg darstellen. Umfassende Informationen finden sich im Buch ‚Faszination Psychologie – Berufsfelder und Karrierewege'(Mendius und Werther 2013).

5.1 Bewerbungstipps

Haben Sie Sich für einen bestimmten Berufsweg entschieden oder hat eine Stellenanzeige Ihr Interesse geweckt, gilt es eine Bewerbung einzureichen. Dabei entscheidet man grundsätzlich zwischen Bewerbungen auf – im Regelfall öffentlich ausgeschriebene – konkrete Stellen und Initiativbewerbungen. Initiativbewerbungen sind dann interessant, wenn es an sich keine Vakanz gibt, die sich mit Ihrer Qualifikation bzw. Ihren Interessen deckt, Sie aber dennoch schon einmal bei einem Arbeitgeber präsent werden wollen. Sollte sich der Arbeitgeber entscheiden, in Ihrem Kompetenzbereich eine Ausschreibung zu machen, so kann dieser direkt auf Sie zugehen. Die Praxis zeigt jedoch, dass insbesondere bei sehr großen Arbeitgebern mit einer Vielzahl an Initiativbewerbern bei weitem nicht jeder Initiativbewerbung Rechnung getragen werden kann. Im Kontext der Verknappung des Erwerbspotentials aufgrund des demographischen Wandels könnte dieser Bewerberpopulation jedoch künftig eine größere Rolle zu teil werden.

Grundsätzlich besteht Ihre Bewerbung aus drei Teilen: einem Lebenslauf, einem stellenspezifischen Anschreiben bzw. Initiativanschreiben und Ihren bislang

© Springer Fachmedien Wiesbaden 2015

M. Mendius, S. Werther, *Berufliche Karrierewege nach dem Psychologiestudium,* essentials, DOI 10.1007/978-3-658-08857-6_5 erworbenen Zeugnissen und Zertifikaten. In den folgenden Abschnitten gehen wir detaillierter auf den Lebenslauf und das Anschreiben eingehen.

5.1.1   Der Lebenslauf

Der Lebenslauf ist meist Ihre erste Visitenkarte, die Sie bei Ihrem gewünschten Arbeitgeber abgeben. Der Lebenslauf sollte zwar vollständig, jedoch in keinem Fall zu ausführlich sein. Ansonsten laufen Sie Gefahr, dass Sie den Leser früh verlieren bevor dieser die Gelegenheit hat, Ihr Potenzial richtig einzuschätzen. Geben Sie dem Lebenslauf optisch eine klare tabellarische Struktur. Betonen Sie die relevantesten Aspekte z. B. einschlägige Berufserfahrung, Praktika, Auslandserfahrung, indem Sie diese eher am Anfang bringen. Nutzen Sie den Lebenslauf jedoch auch, um Dinge, die Sie von anderen abheben, anzuführen. Vollständig bedeutet nicht, dass Sie jede einzelne Station Ihres privaten und schulischen Werdegangs in Gänze darstellen müssen. Im Regelfall beginnen Sie mit Ihrem höchsten Schulabschluss und gehen dann auf folgende Studien-, Berufs- und anderweitige Praxiserfahrungen ein. Zudem geben Sie Auskunft über Sprach- und IT-Kenntnisse und eventuelle ehrenamtliche Tätigkeiten oder Hobbies.

Unser Tipp ist eine realistische Darstellung in Ihrem Lebenslauf: Der Gedanke, sich in Lebensläufen etwas positiver darzustellen, als man im jeweiligen Bereich ist, mag verlockend sein. Hofft man doch, so in einem mehrstufigen Auswahlprozess schon einmal die erste Hürde nehmen zu können, indem man Office Kenntnisse standardmäßig auf sehr gut und Englischkenntnisse immer auf verhandlungssicher setzt. Sie müssen sich allerdings dessen bewusst sein, dass Sie diesbezüglich in einem Vorstellungsgespräch Fragen beantworten müssen, zum Beispiel auf Englisch oder zu einem konkreten Anwendungsszenario in einer Office Anwendung. Positiv darstellen ist in Ordnung – maßlos übertreiben kann jedoch sehr schnell nach hinten losgehen. Im Falle von geschönten Zeugnissen oder der Vorenthaltung von Tatsachen, wie vorigen Arbeitsstationen, können Ihnen sogar rechtliche Konsequenzen drohen. Diesbezüglich sollten Sie also unbedingt ehrlich sein, da Sie sich selbst ansonsten alles andere als einen Gefallen tun.

5.1.2   Das Anschreiben

Warum sind gerade Sie die richtige Person für den ausgeschriebenen Job? Diese Frage muss sich dem Personaler durch die Lektüre Ihres Anschreibens von selbst beantworten. Greifen Sie relevante Stationen aus Ihrem Lebenslauf auf und führen diese themenbezogen aus. Eine Beschäftigung in einem Restaurant während des Studiums kann beispielsweise durchaus relevant sein, wenn Sie im gewünschten Job häufiger mit Kunden zu tun haben, wohingegen sie weniger relevant für die Entwicklung strategischer IT Fachkonzepte wäre. Stellen Sie einen klaren Bezug zwischen Ihren Stärken und dem Anforderungsprofil der Stellenausschreibung her.

Insgesamt sollten Sie zwar selbstbewusst, aber keineswegs arrogant auftreten. Gerade die klare Darstellung Ihrer individuellen Stärken in Bezug auf die entsprechende Stelle ist dabei ein zentraler Erfolgsfaktor. Anhaltspunkte für Ihre tatsächlichen Stärken können Ihnen beispielsweise vergangene Arbeitgeber von Nebenjobs oder Ihre Vorgesetzten bei Praktika geben. Wichtig ist dabei, dass sich diese auch in Ihrem Lebenslauf widerspiegeln sollten, beispielsweise kann sich Eigenständigkeit und Zielstrebigkeit in Auslandsaufenthalten oder Vorstandstätigkeiten in Vereinen zeigen. Sie dürfen hier also durchaus aus dem Vollen schöpfen und müssen sich nicht auf reguläre Arbeitsverhältnisse beschränken. Gerade zum Berufseinstieg können ehrenamtliche Tätigkeiten oder andere Stationen in Ihrem Leben Ihrem potenziellen Arbeitgeber wertvollen Aufschluss über Ihre Person geben. In Zeiten von oftmals vergleichbaren Lebensläufen mit zahlreichen Praktika und Nebentätigkeiten können Sie dadurch möglicherweise Akzente setzen und auffallen.

Hier ist es uns aber ein großes Anliegen, dass wir keinesfalls dafür plädieren, dass ehrenamtliche Tätigkeiten in Vereinen oder auch Auslandsaufenthalte nur für den Lebenslauf absolviert werden. Machen Sie, worauf Sie wirklich Lust haben und was Sie wirklich interessiert. Wir sind davon überzeugt, dass Sie dann auch Ihren Weg gehen werden und dass Sie dann auch für potenzielle Arbeitgeber interessant sind oder interessant werden. Oftmals ist allerdings genau dieser Punkt des echten eigenen Interesses und der eigenen Leidenschaften eine große Herausforderung, so dass Sie sich dafür Zeit nehmen sollten und gegebenenfalls auch externe Beratung in Career Centern oder im Rahmen von Seminaren in Anspruch nehmen können.

An vielen Universitäten gibt es heutzutage bereits Career Center, in denen umfangreiche Beratungs- und Coachingangebote zur Berufsvorbereitung und für den Berufseinstieg vermittelt werden. Oftmals gibt es auch Mentorenprogramme, in denen Praktiker als Mentoren angehende Berufseinsteiger bereits während des Studiums begleiten und betreuen. Wir können Programme dieser Art nur wärmstens empfehlen, da Sie davon in jedem Fall profitieren werden – sowohl durch den Ausbau Ihres professionellen Netzwerks, als auch durch die Reflexion und Stärkung Ihrer Kompetenzen und Ressourcen.

5.2 Vor dem Vertragsabschluss

In den meisten Fällen beginnt die berufliche Karriere in einem Angestelltenverhältnis. Haben Sie basierend auf Ihren Präferenzen und Kompetenzen einen Arbeitgeber identifiziert und war Ihr Bewerbungsprozess erfolgreich, so wird man Ihnen im Regelfall einen Arbeitsvertrag zukommen lassen. Zwar ist es rein rechtlich nach wie vor möglich, Arbeitsverträge mündlich abzuschließen – Sie haben jedoch immer die Möglichkeit, einen schriftlichen Arbeitsvertrag zu fordern. Von dieser Möglichkeit sollten Sie dringend Gebrauch machen, da sonst bei etwaigen arbeitsrechtlichen Auseinandersetzungen Wort gegen Wort steht und damit ein Ausgang des Verfahrens mehr von der Willkür als von der realen Faktenlage abhängen kann. Im folgenden Abschnitt geben wir Ihnen Empfehlungen, welche Charakteristika Ihrer Angestelltentätigkeit Sie mit dem künftigen Arbeitgeber abklären und ggf. im Arbeitsvertrag fixieren sollten, bevor sie diesen unterschreiben. Darüber hinaus gehen wir auf Tätigkeiten als Freiberufler und als Selbstständiger ein, da diese unserer Meinung nach ebenfalls eine interessante Alternative zu einer Festanstellung darstellen können.

5.2.1 Tätigkeiten in Festanstellung

Bezüglich der Rahmenbedingungen gibt es sicherlich von Institution zu Institution gewisse Unterschiede, beispielsweise zwischen einer Klinik, einem Unternehmen und einem Forschungsinstitut. Dennoch sollten einige Punkte vor der Vertragsunterzeichnung in jedem Fall abgeklärt werden. Die folgende Auflistung ist keinesfalls als erschöpfend zu betrachten. Ergänzen Sie diese beispielhafte Darstellung bedarfsorientiert um Aspekte, die Ihnen persönlich besonders wichtig sind.
Stichwort Mobilität:

- Sind Projektbesprechungen oder -einsätze in anderen Regionen in Deutschland vorgesehen, wenn ja wie häufig (insbesondere bei Verbundprojekten mit Projektpartnern in anderen Städten)? Wie lange dauern diese Treffen üblicherweise? Wo werden sie stattfinden?
- Sind Kongressreisen geplant oder erforderlich, wenn ja in welchem Umfang? Besteht die Möglichkeit zur Kongressteilnahme, auch wenn keine eigenen Beiträge vorgestellt werden?
- Welche Mitbestimmungsmöglichkeiten hat man bei der Planung von Dienstreisen, z. B. bzgl. der zeitlichen Planung und der Anreise?

- Zu welchen Bedingungen reist man bzw. ist man untergebracht, z. B. 2. Klasse Bahn, kein Taxi, etc.? In welchem Rahmen werden Spesen vom Arbeitgeber übernommen, z. B. Grenzen bei der Erstattung von Hotelkosten, Tagessätze für Verpflegung etc.?

Stichwort Arbeitszeit:

- Wie viel Zeit wird man tatsächlich pro Woche in etwa arbeiten? Werden beispielsweise unbezahlte Überstunden erwartet?
- Werden gegebenenfalls anfallende Überstunden vergütet, und wenn ja, wie (Zeitausgleich oder Ausbezahlung)?
- Ist es realistisch möglich, dass man die Tätigkeit mit einer Familie vereinbaren kann?
- Gibt es eine Möglichkeit zu realistischer Teilzeit (z. B. wenn man Familie hat, einen Zweitjob ausüben oder eine Therapieausbildung machen möchte)?
- Wie flexibel kann die Arbeitszeit gestaltet werden? Gibt es beispielsweise eine Gleitzeitregelung oder Kernzeiten, an denen man anwesend sein muss?
- Wird Wochenendarbeit erwartet?
- Wie wird die Arbeitszeit erfasst?
- Wie sieht gegebenenfalls das Verhältnis von Projektarbeit bzw. Arbeit am Lehrstuhl und Arbeit an der eigenen Dissertation aus (insbesondere bei Tätigkeiten an Universitäten, Hochschulen und Forschungseinrichtungen)?

Stichwort Bezahlung und sonstige Leistungen:

- Ist die Stelle eine 50-, 65- oder 100 %-Stelle?
- Wie erfolgt die Eingruppierung, wenn die Bezahlung nach TVöD/TV-L erfolgt? Gibt es einen Tarifvertrag bei Anstellungen in der Industrie z. B. Metall- und Elektro oder Pharma Chemie? Werden gegebenenfalls vorhandene frühere Tätigkeiten als Dienstzeit für die Eingruppierung anerkannt?
- Wie hoch ist der Urlaubsanspruch?
- Gibt es Weihnachts- und/oder Urlaubsgeld und wenn ja in welcher Höhe?
- Werden übertarifliche Zulagen gewährt? Gibt es weitere geldwerte oder sachwerte Vorteile und Angebote z. B. Dienstfahrzeug?
- Gibt es eine betriebliche Altersvorsorge und wenn ja in welcher Form?
- Gibt es eine erfolgsabhängige Bezahlungskomponente? Erfolgt eine Beteiligung der Mitarbeiter am Unternehmenserfolg?

Stichwort Entwicklungsmöglichkeiten:

- Welche Angebote zur Weiterbildung gibt es, z. B. allgemeine Weiterbildungs-angebote der Institution, spezifische Workshops der Abteilung, finanzielle Ressourcen für die Teilnahme an externen Workshops und nationale sowie internationale Tagungsreisen?
- Wie viele Tage ist man pro Jahr für Weiterbildungen freigestellt?
- Besteht die Möglichkeit zur Promotion? Wenn ja, wie wird das Betreuungsverhältnis bei Dissertationen in etwa aussehen (d. h. wie viele Doktoranden gibt es am Lehrstuhl; wie viele Postdocs gibt es, die evtl. auch an der Betreuung der Doktoranden beteiligt sind; wie häufig ist der Betreuer vor Ort und wie häufig finden Besprechungen statt)?
- Welche Literatur wird zur Verfügung gestellt? Auf welche Datenbanken und Online-Ressourcen kann zurückgegriffen werden?
- Welche Soft- und Hardware wird zur Verfügung gestellt, z. B. SPSS, Amos, MAXQDA auf einem Arbeitslaptop oder klinische Testbatterien? Sind die Programme auf dem aktuellen technischen und wissenschaftlichen Stand?
- Wie ist die Autorenregelung, wenn im Rahmen von Projekten Publikationen geplant sind? In welchem Umfang werden die Rechte an den Arbeitgeber bzw. Auftraggeber abgetreten?
- Wie stehen die Chancen auf Anschlussverträge bzw. eine Festanstellung, falls es sich um ein befristetes Arbeitsverhältnis handelt?
- Welche Aufstiegschancen gibt es (z. B. zum Projektleiter) und an welche Bedingungen sind diese Aufstiegsmöglichkeiten geknüpft?
- Ist die Einrichtung eine akkreditierte klinische Weiterbildungsinstitution, so dass die Tätigkeit im Rahmen der Therapieausbildung anerkannt werden kann (insbesondere bei klinischen Tätigkeiten)?
- Erfolgt eine regelmäßige Beurteilung der erbrachten Leistung (insbesondere bei einer Tätigkeit in einem Unternehmen)? Gibt es diesbezüglich einen klaren an der Zielerreichung orientierten Prozess aus dem sich auch etwaige Gehaltsanpassungen oder Personalentwicklungsmaßnahmen ableiten?

5.2.2   Tätigkeiten als Freiberufler und Selbstständiger

Die Rahmenbedingungen von Tätigkeiten als Freiberufler und Selbstständiger unterscheiden sich erheblich, da beispielsweise ein forensischer Psychologe im Rahmen seiner Gutachtertätigkeit auf andere Punkte achten muss als ein wirtschaftspsychologischer Coach in einem großen Unternehmen. Trotzdem gibt es zahlreiche Punkte, die für die meisten Tätigkeiten als Freiberufler und Selbstständiger besser zu früh als zu spät geregelt werden sollten. Auch hier gilt: Ergänzen Sie diese Kriterien bedarfsorientiert je nach Ihren Erwartungen.

Stichwort Mobilität:

- Werden An- und Abfahrtszeiten vergütet? Wenn ja, ab welcher Dauer des Trainings bzw. des Coachings und bis zu welchem Umfang bzw. in welcher Kategorie (z. B. 2. Klasse Bahn)?
- Übernimmt der Auftraggeber Unterkunft und Verpflegung vor Ort (z. B. 3-Sterne-Hotel bis 80 € pro Nacht inkl. Frühstück)?
- Werden Hotel und Anfahrt vom Auftraggeber organisiert?

Stichwort Arbeitszeit:

- Welche Arbeitszeiten sind für die Tätigkeit vorgesehen, muss beispielsweise bereits am Vortag für die Vorbereitung angereist werden?
- Ist eine Mindestdauer pro Sitzung definiert, so dass eine weite Anreise nicht für eine einzelne Coaching-, Beratungs- oder Begutachtungsstunde erfolgen muss?
- Besteht die Notwendigkeit vom Auftraggeber, Trainings, Begutachtungen oder andere Tätigkeiten ggf. an Wochenenden durchzuführen?

Stichwort Bezahlung und sonstige Leistungen:

- Werden Materialkosten gezahlt oder wird das Material, zum Beispiel Moderationskoffer und Flipchart, vor Ort gestellt?
- Sind spezifische Testverfahren notwendig, z. B. im gutachterlichen Tätigkeitsbereich, die auf eigene Kosten angeschafft werden müssen?
- Wird bei Trainings Konzeptionsgeld bezahlt, wenn das Trainingskonzept neu entwickelt wird oder wird lediglich die Präsenzzeit vergütet?
- Erfolgt die Bezahlung pauschal oder nach der Anzahl angefallener Stunden? Wie hoch ist der Stundensatz, wenn eine Bezahlung nach Stunden erfolgt (z. B. auch bei Lehraufträgen)?

Stichwort Entwicklungsmöglichkeiten:

- Welche Weiter- und Fortbildungsmöglichkeiten gibt es? Ist man bereit, zu solchen Veranstaltungen zu reisen und daran ggf. an mehreren Tagen teilzunehmen?
- Besteht die Möglichkeit, bei erfolgreicher Evaluation in einen Pool des Auftraggebers aufgenommen zu werden, um weitere Aufträge zu akquirieren?
- Handelt es sich um feste Tagessätze oder besteht hier Spielraum, so dass bei längerer Erfahrung auch höhere Sätze bezahlt werden?

Schluss

Liebe Leserinnen und Leser,

wir hoffen sehr, dass Sie die Lektüre dieses Essentials neugierig gemacht hat, sich vertieft mit der Berufswelt der Psychologie und ihren vielen faszinierenden Facetten zu beschäftigen. Sollte Ihnen jedoch diese kurze Lektüre gezeigt haben, dass die Psychologie als Berufsfeld für Sie nicht in Frage kommt, so hat sich die Beschäftigung mit dem Essential aus unserer Sicht dennoch gelohnt, schließlich ist das ebenfalls eine wichtige Erkenntnis bei der Berufsfindung.

Den Interessierten von Ihnen sei das Hauptwerk zur Vertiefung empfohlen. Wir freuen uns außerdem immer über Ihre Anregungen und Verbesserungsvorschläge.

In jedem Fall wünschen wir Ihnen bei Ihrem weiteren Studien- und Berufsweg – ob mit oder ohne Psychologie – alles Gute und viel Spaß beim eigenen Erfahren und Ausprobieren. Uns ist schließlich absolut bewusst, dass nicht nur die Psychologie faszinierend ist, sondern auch viele andere Beschäftigungsfelder. Wir sind uns aber auch sicher, dass die Psychologie unmittelbar oder mittelbar in mehr Disziplinen steckt, als man auf den ersten Blick vermutet. Gleichzeitig sind wir davon überzeugt, dass sich uns als Psychologen vielfältige Gestaltungsmöglichkeiten und umfassende Betätigungsfelder für ein erfülltes Zusammenleben und für eine spannende Berufstätigkeit bieten.

Herzliche Grüße,
Maximilian Mendius und Simon Werther

© Springer Fachmedien Wiesbaden 2015
M. Mendius, S. Werther, *Berufliche Karrierewege nach dem Psychologiestudium,*
essentials, DOI 10.1007/978-3-658-08857-6

Was Sie aus diesem Essential mitnehmen können

- Sie setzen sich mit den unterschiedlichen Studienmöglichkeiten der Psychologie auseinander
- Sie erhalten einen ersten Einblick in die faszinierenden Berufsfelder für Psychologen
- Sie lernen im Überblick Anforderungen und Charakteristika von Tätigkeiten der klinischen Psychologie und der Wirtschaftspsychologie kennen
- Sie können vertieft in das Tätigkeitsfeld der Personalpsychologie eintauchen

© Springer Fachmedien Wiesbaden 2015
M. Mendius, S. Werther, *Berufliche Karrierewege nach dem Psychologiestudium,*
essentials, DOI 10.1007/978-3-658-08857-6

Literatur

Margraf, J. (2015). Zur Lage der Psychologie. *Psychologische Rundschau, 66*(1), 1–30.

Mendius, M., & Werther, S. (Hrsg.). (2013). Faszination Psychologie – Berufsfelder und Karrierewege. Heidelberg: VS Verlag für Sozialwisseschaften.

Perrez, M., & Baumann, U. (Hrsg.). (2011). Lehrbuch klinische Psychologie – Psychotherapie. Zürich: Hans Huber Verlag.

von Rosenstiel, L., & Nerdinger, F. W. (2011). Grundlagen der Organisationspsychologie: Basiswissen und Anwendungshinweise. Stuttgart: Schäffer-Poeschel.

Schuler, H. (Hrsg.). (2006). Lehrbuch der Personalpsychologie. Göttingen: Hogrefe.

© Springer Fachmedien Wiesbaden 2015
M. Mendius, S. Werther, *Berufliche Karrierewege nach dem Psychologiestudium,*
essentials, DOI 10.1007/978-3-658-08857-6

Lesen Sie hier weiter

Maximilian Mendius
Simon Werther (Hrsg.)

**Faszination Psychologie –
Berufsfelder und Karrierewege**

2014, VI, 272 S., 9 Abb.,
Broschur: € 19,99
ISBN 978-3-642-37709-9

Änderungen vorbehalten.
Erhältlich im Buchhandel oder beim Verlag.

Einfach portofrei bestellen:
leserservice@springer.com
tel +49 (0)6221 345-4301
springer.com